考虑不同消费者行为的生产与订货决策研究

韩小雅 著

華東理工大學出版社
EAST CHINA UNIVERSITY OF SCIENCE AND TECHNOLOGY PRESS
·上海·

图书在版编目(CIP)数据

考虑不同消费者行为的生产与订货决策研究 / 韩小雅著. —上海：华东理工大学出版社，2020.2

ISBN 978-7-5628-6126-3

Ⅰ. ①考… Ⅱ. ①韩… Ⅲ. ①消费者行为论–关系–企业管理–生产管理–管理决策–研究②消费者行为论–关系–企业管理–供应链管理–管理决策–研究 Ⅳ. ①F713.55②F273③F274

中国版本图书馆 CIP 数据核字(2020)第 023832 号

策划编辑 / 牛 东
责任编辑 / 薛西子 牛 东
装帧设计 / 徐 蓉
出版发行 / 华东理工大学出版社有限公司
地址：上海市梅陇路 130 号，200237
电话：021-64250306
网址：www.ecustpress.cn
邮箱：zongbianban@ecustpress.cn
印 刷 / 北京虎彩文化传播有限公司
开 本 / 710 mm×1000 mm 1/16
印 张 / 6.25
字 数 / 113 千字
版 次 / 2020 年 2 月第 1 版
印 次 / 2020 年 2 月第 1 次
定 价 / 58.00 元

前 言

在一个完整的供应链系统中,制造商和零售商都会通过向消费者提供产品来实现自身利益的最大化。消费者的购买决策会直接影响制造商和零售商的决策,进而对其利润产生很大影响。由此可见,考虑消费者行为是制造商和零售商能够长期发展并且提高自身利润的一种新的方式,也是必须考虑的因素。因此,近年来,基于消费者行为的制造商和零售商各种决策问题一直是管理运营领域中学者研究的热点。

本书基于上述研究热点,主要研究不同消费者行为对企业生产与订货决策的影响问题,具体内容分为五章。第 1 章为绪论,主要提出本书的研究背景及意义、本书的结构和研究方法等。第 2 章主要研究基于消费者环保意识和行为的绿色生产问题,聚焦于制造商的生产决策,即如何确定生产哪些绿色等级的产品以及每个等级的生产数量。第 3 章研究基于消费者好感度的最小承诺订货策略,主要探讨零售商的订货决策问题,即如何在计划初期确定一个最小承诺量以及在每一期初确定实际的订货量。第 4 章为基于消费者谨慎购买行为的最优订货研究,分别从外生和内生两个角度来考虑消费者对产品供应水平的感知,研究零售商的最优订货决策。第 5 章对本书内容进行了总结。

本书的主要工作完成于 2012—2017 年在中国科学技术大学攻读硕士和博士学位期间。在上海理工大学任教期间,本人也对内容进行了一些细小的修改。感谢博士生导师余玉刚教授的悉心指导和其他所有对本书有过帮助的同门和朋友。由于时间仓促,本书难免存在疏漏和不足之处,恳请读者批评指正。

韩小雅

2019 年 11 月 8 日

目 录

第1章 绪论

在供应链系统中，无论是作为上游的制造商，还是作为中间角色的零售商，都向市场上的消费者提供产品，并且采取各种各样的措施来扩大自己的利益。他们在探索的过程中发现，消费者行为对其自身利润的影响具有极其重要的作用。当消费者购买产品时，很多因素都影响消费者的购买决策，进而直接影响制造商和零售商的相关决策。如果制造商和零售商在做决策时考虑市场上消费者的各种行为，可能会给他们带来更大的利润空间。由此可见，考虑消费者行为是制造商和零售商能够长期发展并且提高自身利润的一种新的方式，也是必须考虑的因素。因此，近年来，基于消费者行为的制造商和零售商的各种决策问题一直是管理运营领域中学者研究的热点。

1.1 研究背景及意义

1.1.1 研究背景

近年来，各行各业都在探索新的途径来促进自身的发展。对于生产汽车、冰箱和空调等行业的制造商来说，他们不仅需要提升产品生产过程中的效率以降低运作成本，也要关注市场上消费者的不同行为表现来满足他们的多样化需求。另外，对于需要向供应商订购产品的零售商来说，他们在订货的过程中不能仅仅考虑供应商的批发策略，更重要的是分析消费者的购买行为来提高收益。接下来，本书将从消费者行为对制造商的生产决策和零售商的订货决策的影响这两个方面进行介绍。

在传统的供应链系统中，通常存在制造商、零售商和消费者三个部分，并且这三者之间有着密切的关系。一般而言，制造商生产产品提供给零售商，零售商将产品卖给市场上的消费者。然而，为了追求多方利润和促进自身发展，制造商不仅通过零售商这一种销售渠道来出售自己的产品，同时也会拓展新的渠道，即直接将产品提供给消费者。通过新的销售渠道，制造商可以直接接触消费者,从而能够亲自了解消费者对产品的偏好和评价。在需求市场中,消费者通常会根据自己的偏好表现出不同的行为。伴随着环境污染日益严重,消费者对环保越来越敏感(Hartman Group, 2007;熊中楷和梁晓萍,2014),这使得他们在购买产品时逐渐表现出环保意识和环保行为(Liu et al., 2012)。由于很多种类的产品在被消费者使用的过程中会排放出大量的有害物(Dröge and Schröder, 2005),为了提高环境质量,消费者会倾向购买绿色产品。在新的销售渠道中,消费者的这种环保意识与行为会反馈给生产产品的制造商。为了扩大自己的利润水平,制造商在生产的过程中需要考虑消费者的环保行为。随着消费者环保意识的增强,制造商需要放弃非绿色产品的生产,同时改善绿色技术来生产更多的高绿色等级产品。由于环境保护不断被重视,绿色产品将成为一种必然趋势。制造商要想长期发展以获得更多的长远利益,就应该迎合消费者的环保意识与行为来实施绿色生产策略,改变过去那种只图眼前利益、不顾社会效益的生产模式。

在由供应商、零售商和消费者构成的供应链网络结构中,零售商需要同时与供应商和消费者进行交互,他不仅需要向供应商订货,并且需要将产品出售给市场上的消费者。零售商在做订货决策时,需要考虑消费者不同的购买行为。当消费者购买产品时,他们对零售商提供的服务水平越来越敏感,并且根据过去所感知的服务质量对零售商形成好感度(Aflaki and Popescu, 2014)。在一个竞争的市场中,当消费者遇到缺货时,他们一般不会选择等待,而是放弃购买(Schwartz, 1966)。对于消费者表现出的服务敏感行为,为了提高需求水平,零售商需要提高其订货量。另外,随着电子商务的成熟和普及,网上购物变得越来越流行。当消费者在网上购买产品时,他们不能看到真实的产品,只能通过零售商提供的产品描述和公共信息来决定是否购买。当消费者收到产品后,他们常常会发现,实际上得到的产品并不符合自己的预期(Chen, 2011)。同时,由于缺货现象普遍存在,当消费者在网上购物时,他们会表现出谨慎的购买行为。谨慎的消费者在购买产品之前会根据相关信息对产品的可靠性和供应水平进行评估(Su and Zhang, 2009),依据效用最大化的原则来决定是否进行购买。对于一个把订货量作为决策的首要因素的零售商来说,他在订货的过程中,需要考虑消费者的这种谨慎购买行为,从而使自身的利润最大化。如果消费者对产品可靠性和供应水平的感知比较低,那么零售商需要降低其订货量以减少产品过剩的损失。反之,零售商应当提高订货量以赚取更高收益。

本书在上述背景下,将消费者行为作为考虑因素,分别从制造商的生产和零售商的订货两个方面进行研究:第一,基于消费者具有环保意识和行为来研究制造商的绿色生产决策问题;第二,基于消费者具有服务敏感行为和谨慎购买行为来分别研究零售商的订货决策问题。

1.1.2　研究意义

由于消费者的偏好不同和特征差异，他们在购买产品时会表现出不同的行为。随着市场竞争越来越激烈，无论是在制造行业还是零售行业，为了不被淘汰并长期发展，制造商和零售商在追求利益的同时都需要考虑消费者的不同购买行为。基于本书的标题，研究内容主要集中在消费者行为对制造商生产和零售商订货的影响上。接下来，将从实践和理论两个方面来讨论本书研究的意义。

在现实中，当消费者购买产品时，他们会出于自身的各种原因而表现出不同的购买行为。伴随着环境污染日益恶劣，消费者对生活的质量要求逐渐提高。为了减少环境污染对身体的损害以及提高生活质量，消费者在购买产品时会表现出环保意识，他们愿意花费更多的钱来购买绿色产品。随着生活水平的提高，消费者对商家的服务质量越来越敏感，他们会基于过去所感知到的服务水平对其产生好感度。此外，由于网上购物导致的产品信息的不确定性，消费者会表现出谨慎购买的行为。消费者的这些行为在实际生活中普遍发生。对于提供产品的制造商和零售商来说，为了追求利润最大化，他们在进行相关决策时需要考虑消费者的不同购买行为。因此，本书基于不同消费者行为对制造商生产和零售商订货决策进行研究，这具有很大的实践意义。

在市场营销研究领域里，很多学者基于消费者行为做了很多研究。然而，他们把更多的注意力集中在消费者本身，很少有人考虑消费者的行为对供应链系统中其他决策者的影响。另外，关于供应链和库存管理方面的不少文献都研究了制造商的生产和零售商的订货等问题。在这些文献中，学者们主要基于其他相关因素来研究制造商和零售商如何做出最优决策来使利润最大化，很少有人把消费者的不同购买行为考虑进来。在本书中，把对供应链管理和市场营销这两方面的研究相结合，即将消费者行为分别与制造商生产和零售商订货决策相联系，进而研究他们之间彼此影响的关系。本书的研究在一定程度上弥补了以往文献中的空缺，具有一定的理论价值。

1.2　文献回顾

本节对不同消费者行为方面的相关研究进行了文献综述。基于上一节的讨论，本书主要关注制造商的生产与零售商的订货决策问题。通过回顾相关文献，我们发现众多学者已经对基于不同消费者行为方面的各种决策问题进行了研究。在本节中，仅仅回顾和本书的研究密切相关的文献，即消费者行为对生产和订货决策的影响。

1.2.1 消费者行为对生产的影响研究

随着市场营销领域的发展，学界关于消费者行为方面的研究呈现出更加广泛和深入的趋势。其中一个主要的方面集中在消费者行为对生产影响的研究上。根据本书的研究内容，重点回顾消费者环保意识和行为及其对绿色生产决策的影响。

Coad 等(2009)研究了消费者环保意识如何影响企业的绿色技术水平。在 Coad 等的研究中，他们也考虑了由于消费者个体化之间的差异，不同的消费者会表现出多样化的环保意识与行为。Espinola-Arredondo 和 Zhao(2012)研究了政府环保政策如何影响消费者的购买决策(消费者购买绿色产品还是传统产品)，同时分析了消费者环保意识和行为与社会福利之间的关系。Laroche 等(2001)基于环保意识对消费者的行为和心理进行了分析。研究结果发现，已婚女性在购买产品时会经常考虑环境问题，从而她们可能会愿意多花钱来购买高绿色等级的产品。Conrad(2005)基于消费者环保意识和行为研究了产品之间的差异程度。Conrad 构建了一个寡头竞争模型来分析消费者环保意识行为与产品差异性以及市场份额之间的关系。

Zhang 等(2012)解释了经济发展能够提高人们的生活水平，但同时也带来环境污染问题。由此，企业需要重新考虑他们的产品设计策略。在该研究中，Zhang 等考虑了消费者环保意识和行为如何影响企业的产品设计策略，并且建立了一个优化模型。研究结果显示，企业需要考虑消费者的环保意识和行为来改变自身的产品设计策略，即生产传统和绿色两种产品，从而获取更多利益同时改善社会环境质量。Jin 等(2011)在考虑消费者具有环保意识和行为的前提下建立了一个关于生产商、消费者和政府的供应链模型，并且研究政府在绿色供应链中扮演的角色，同时也分析消费者的环保行为如何影响生产商对绿色产品的生产决策。Liu 等(2012)指出了产品在绿色上具有不同的等级，分析了产品的绿色等级如何影响市场需求和企业成本。Liu 等考虑了不同企业可能拥有唯一的最佳绿色等级，讨论了消费者环保意识和行为与企业绿色生产之间的关系。同时，他们还进一步考虑了消费者环保意识和行为对供应链系统中其他成员的相关决策的影响，并且发现如果消费者表现出较明显的环保意识和行为，会给生产绿色产品的制造商带来更多的利益。

1.2.2 消费者行为对订货的影响研究

上一小节主要综述了消费者环保意识和行为对绿色生产决策影响的文献，本小节将回顾消费者购买行为对订货决策影响的相关文献，集中总结消费者好感度和谨慎购买行为及其对最优订货决策的影响等方面的文献。

随着消费者生活水平的不断提高,当消费者购买产品时,他们对商家所提供的服务质量将会越来越敏感,消费者会基于过去所感知的服务质量对商家产生好感度。好感度的观念来自 Nerlove 和 Arrow(1962)。该文献使用好感度来刻画过去和当前广告支出对产品未来需求的影响。Aflaki 和 Popescu (2014)考虑了消费者的服务敏感行为,并且分析了商家的服务质量对消费者效用水平和记忆能力的动态影响。他们在需求确定的情况下考虑了消费者由于服务水平的因素而背叛商家的可能性。Aflaki 和 Popescu 发现,消费者在未来是否得到商家较好的服务主要依赖于过去服务对消费者记忆能力的影响。Adelman 和 Mersereau(2013)得到了与 Aflaki 和 Popescu(2014)相似的结论。但是 Adelman 和 Mersereau 是在需求随机的条件下进行分析的。他们主要研究了企业如何在一群具有服务敏感行为的消费者中分配有限的产品供应量。他们把消费者的好感度刻画为其效应的一种平滑形式,并且消费者效用是基于企业所提供的过去服务水平所得到的。

随着电子商务的成熟与普及,越来越多的消费者倾向于在网上进行购物。由于网上购物所导致的对产品本身和供应水平的不确定性,消费者经常表现出谨慎购买的行为(柯晨旭和颜波,2019)。在本书中,消费者的谨慎购买行为一部分来自对产品估值的差异。对于消费者估值偏差,相关文献考虑了消费者对产品的估值在市场中是平稳的(尽管每个消费者的估值随着时间的推移可能上升或者下降)。Zhang 等(2014)考虑了消费者对产品的参考价格不同于当前的市场价格。Chen(2011)讨论了消费者购买前对产品的初始估值与购买后对产品的真实估值之间的差异,这与本书中的估值偏差是类似的。然而,研究内容主要是把估值偏差作为一种因素来影响消费者的谨慎购买行为以及零售商的订货决策。另外,一些文献研究了消费者对产品评估的不确定性,同时分析了企业的退货政策。Xiao 等(2010)研究了一个供应链模型,同时分析了供应链总利润与零售商所提供的退货政策之间的关系。Yu 等(2017)考虑了消费者在网上购物时会由于购买前后对产品的估值不同而导致退货行为,并且发现了估值偏差与退货成本之间的差异会直接影响商家的利益。Su (2009)在考虑消费者对产品的价值完全不确定的情况下讨论了最优退货政策,并且探讨了一个全额退货政策与部分退货政策对供应链系统的影响。Su 也分析了消费者的退货行为对商家订货决策的影响。Swinney(2011)研究了当消费者对产品的估值不确定时,商家是否会花费一个额外成本达到供应平衡。该文献探讨了消费者是选择在了解产品的价值信息之前购买,还是延迟购买产品直到估值的不确定性被消除。Kalai 和 Lehrer(1993)呈现了一个学习理论并且研究了消费者如何随着时间的变化来学习从而形成理性的评估。

他们利用贝叶斯定理①来预测一个无限重复博弈中的参与者行为。

在本书中，考虑消费者具有谨慎购买行为并且能对产品的供应水平进行评估。现有文献从不同的视角研究了产品的供应水平。Su 和 Zhang (2009)研究了产品的供应水平对消费者购买行为的影响，并且进一步说明了消费者能够对产品的供应水平形成理性的感知。他们假设消费者认为缺货会导致产品极其昂贵，并且零售商提供一个可观察的销售价格和一个不可观察到的产品存货量。因此，消费者通过评估缺货的可能性来确定是否进行购买，同时零售商基于消费者的这种谨慎购买行为来决定产品的订货量。Adelman 和 Mersereau(2013)研究了当需求超过供应时，零售商在一群消费者中如何分配有限的供应量。他们考虑消费者能够记住过去商家所提供的产品供应水平(Hall and Porteus, 2000; Liu et al., 2007)，并且将消费者的效用刻画成消费者对商家的好感度水平。不同于这些文献，本书更多地考虑消费者对产品供应水平的评估如何影响零售商的最优订货决策和市场需求。

1.2.3 文献评述

根据不同消费者行为对生产和订货影响研究的相关文献，本小节对有关文献进行评述，界定本书的研究内容和理论贡献。结合上述相关文献回顾以及本书的研究内容，分别从以下两个方面进行说明。

一方面，本节梳理了消费者行为对生产影响的文献资料，具体集中在消费者环保意识和行为对绿色生产的影响。现存的文献集中在消费者环保意识和行为和绿色产品生产上。然而，很少有文献考虑消费者具有环保意识和行为来研究制造商的绿色生产决策。本书详细地分析消费者环保意识和行为对制造商的产品绿色等级以及生产数量的影响。本书研究的内容与相关文献的不同之处可总结为以下两点。第一，本书考虑现实生活中一个更为广泛的存在，即产品具有不同的绿色水平。然而，以前大多数文献仅考虑产品只有一个绿色水平。第二，目前还没有相关文献分析消费者环保意识和行为如何影响制造商对不同绿色等级产品的生产决策。

另一方面，本节汇总了消费者的不同购买行为对订货决策影响的相关成果，具体体现在消费者好感度和谨慎购买行为对零售商最优订货的影响。现有的文献基于消费者过去所获得的服务质量提出了消费者好感度的概念，并且分析了消费者好感度水平对商家订货决策的影响。本书考虑了消费者好感度与最小订货量承诺之间的关系，而相关文献并没有对此进行研究。此外，很多文献研究了消费者的谨慎行为、消费者估值偏差以及对产品供应水平的评

① 贝叶斯定理是关于随机事件 A 和 B 的条件概率(或边缘概率)的一则定理。

估等,然而其研究内容的出发点和角度与本书有很大的差异。本书在该方面的主要贡献体现在如下三点。第一,考虑消费者初始估值与实际估值之间的差异,而以前的大多数研究是基于消费者购买前后相同的平均估值。此外,本书加入估值偏差作为一个因素来影响消费者的购买决策以及零售商的订货决策,而这些在之前的文献中未被研究。第二,很少有文献结合了消费者的谨慎行为和估值偏差。在本书中,市场中的消费者具有谨慎的购买行为,并且他们能够在购买产品之前评估估值偏差。第三,到目前为止,还没有文献研究消费者对产品供应水平的评估如何影响消费者的退货以及零售商的最优订货量,这些将在本书中详细地分析。

1.3 本书结构与研究方法

本书研究的问题是建立在对现实中消费者行为与制造商生产和零售商订货之间的关系进行分析,然后查找和整理相关文献的基础上得到的。通过对文献资料的整理和分析,发现学者们对考虑不同消费者行为的生产与订货决策问题进行了大量研究,并且研究了存在的不足之处。本书的主要内容分为五章,具体如图 1-1 所示。

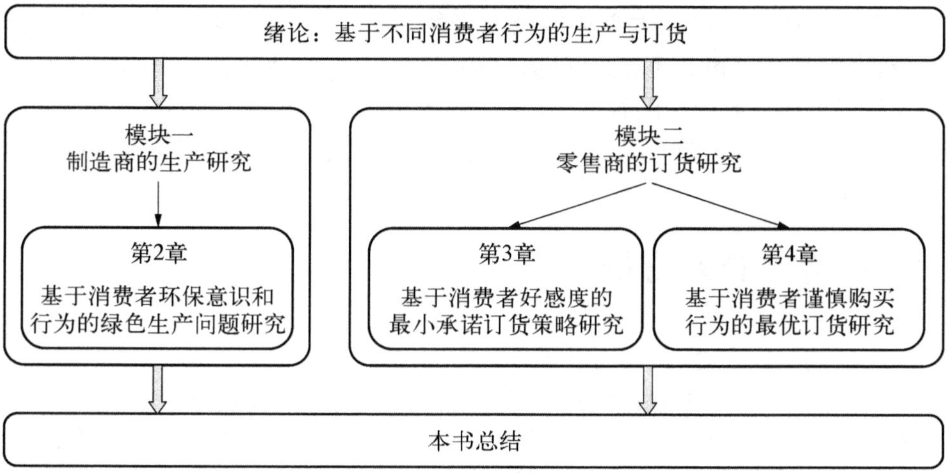

图 1-1 本书结构

本书的核心问题是:以消费者行为作为考虑因素,研究制造商的绿色生产和零售商的最优订货决策问题。通过对该问题的分析,本书将所要研究的内容分解为三个子问题。首先运用变分不等式理论解决制造商的绿色生产决策问题;其次使用鲁棒优化方法分析零售商的最小承诺订货问题;最后使用微积分方法研究零售商的最优订货策略。本书的第 2 章基于消费者环保意识和行为研究绿色生产问题;第 3 章基于消费者好感度研究最小承诺订货问题;第 4 章基于消费者谨慎购买行为研究最优订货问题。在问题解构的基础上,本书采用数学建模的方法对研究的问题分别进行分析和讨论。

本书的具体研究内容和顺序如下。

第 1 章,绪论。本章描述了供应链系统中消费者行为与制造商生产和零售商订货决策之间的关系。首先对本书的研究背景和意义进行了介绍,然后对相关文献进行了综述,具体包括消费者行为对生产和订货影响的文献,并介绍了本书使用的研究方法,最后总结了本研究的创新之处。

第 2 章,基于消费者环保意识和行为的绿色生产决策问题研究。本章基于消费者环保意识和政府绿色补贴政策,研究了制造商对不同绿色等级产品的生产决策问题,即决定生产哪些绿色等级的产品以及确定生产数量,从而使得自身的利润达到最大。

第 3 章,基于消费者好感度的最小承诺订货策略研究。本章阐述了消费者根据零售商过去提供的服务质量对其形成好感度,并研究了消费者的好感度对零售商未来需求的影响,同时也分析了消费者的好感度与最小承诺订货之间的关系。

第 4 章,基于消费者谨慎购买行为的最优订货研究。本章根据消费者在网上购物时由于对产品本身和供应水平的不确定性所表现出的谨慎购买行为,研究了零售商和消费者之间的博弈均衡。本章从消费者对产品供应水平的感知是外生还是内生两种情况进行了分析。

第 5 章,本书总结。本章对第 2 章至第 4 章的研究内容和结论进行了概括与总结。

1.4 本书创新之处

本书的创新之处,总结为以下三个方面。

创新点之一,本书联系消费者环保意识和行为来研究政府绿色补贴,分析了制造商对不同绿色等级产品的生产决策问题。本研究发现消费者环保意识和行为能够促使制造商生产更多高绿色等级的产品,但并不一定给他们带来更多利润;发现了一个好的补贴政策能提高制造商的利润,并且改善市场上绿色产品的数量和等级,同时降低政府的总补贴金额。然而,相关文献通常考虑产品只有一种绿色等级,并且很少有学者同时讨论消费者环保意识和行为与政府补贴对绿色生产的影响。

创新点之二,本书在最小承诺订货中考虑了消费者的好感度,并且研究了最小承诺订货量与消费者好感度之间的关系。本研究证明了消费者好感度经过一段时间会收敛到一个稳态值,同时也发现了消费者好感度与最小承诺订货量不一定呈正相关。然而,以前的文献对此并没有提供相关的分析。

创新点之三,在零售商订货决策中考虑了消费者在网上购物时由于对产品估值和供应水平的不确定性而表现出的谨慎购买行为。本研究发现了当零售商面对谨慎行为的消费者时应当采取措施来提高消费者对产品供应水平的感知。然而,很少有文献基于消费者对产品的估值偏差来进行研究,并且分析消费者对产品供应水平的感知与零售商订货决策之间的联系。

第2章

基于消费者环保意识和行为的绿色生产问题研究

绿色生产问题一直是学者研究的热点，同时也是制造商、消费者和政府关注的焦点。如何安排绿色生产从而使制造商自身的利益最大化已被广泛研究。随着环境污染日益严重，消费者在购物时往往会产生环保意识，他们愿意用更高的价格来购买绿色产品。与此同时，为了促进制造商生产绿色产品进而改善环境质量，政府开始实施绿色补贴政策。由此，在本章中，同时考虑消费者环保意识和政府绿色补贴政策来研究制造商对不同绿色等级产品的生产问题。

2.1 背景介绍

随着经济快速发展，人们生活水平不断提高，环境污染问题变得日益严重。消费者在使用产品的过程中，可能会产生有害排放物，例如家电、汽车等产品，会给人们的身心健康带来负面影响。在现实生活中，不同绿色等级的产品无处不在。在汽车行业中，“CO_2排量等级”经常受到关注，根据CO_2排量的高低，汽车被划分为不同的环保等级。由于消费者的环保意识越来越强，他们对高绿色等级的产品越来越感兴趣，热衷于绿色消费。消费者愿意花费更多的钱来购买更高绿色等级的产品。在减少环境污染上，除了消费者具有较强的环保意识外，政府的作用也是不可缺少的。政府在保护环境方面一直都扮演着非常重要的角色，它提出了很多环保政策(朱庆华和窦一杰，2011；曹裕等，2019)。为了提高环境质量，政府开始对制造商实施绿色补贴政策，并且对不同绿色等级的产品给予不同的补贴金额，从而鼓励制造商生产高绿色等级的产品。对于政府来说，如何制定有效的绿色补贴政策是一个值得重视的问题。这是因为如果政府没有提供一个最优的补贴机制，不仅不会促进制造商转向绿色生产，而且还会加大对环境的污染程度。当制造商的绿色技术水平较高并且消费者的环保意识较强时，政府应该加大对高绿色等级产品的补贴，同时减少对低绿色等级产品的补贴。这样的补贴政策能促进制造商生产更多高绿色等级的产品，也能满足市场上消费者的高绿色需求，从而达到改善环境质量的目的。

由于环境污染日益严重，人们越来越重视产品的环保性。对于制造商而言，为了能够在行业中长期发展下去，他们在生产产品时需要考虑产品的绿色程度。由于市场上消费者环保意识的差异性以及政府会实施差异化的绿色补贴政策，这会导致制造商可能生产不同绿色等级的产品。与此同时，制造商也需要考虑自身的绿色技术水平从而决定产品的绿色生产。拥有不同绿色技术水平的制造商对补贴政策和环保意识会有不同的反应。如果制造商的绿色技术水平较高，当政府的绿色补贴力度较大并且消费者具有较强的环保意识时，制造商需要生产更多的高绿色等级的产品，从而实现自身的利润最大化。因此，高绿色技术水平会给制造商带来相对的竞争优势，从而使制造商占据有利的地位。然而，如果制造商拥有较低的绿色技术水平，并且政府的补贴金额远远不能弥补生产绿色产品所产生的额外绿色成本，那么即使市场上的消费者具有较强的环保意识，制造商也只能生产非绿色或低绿色等级产品。

2.2　问题与模型

在本节中，首先描述了具体研究的问题，即考虑消费者环保意识和行为的制造商的绿色生产问题。然后，基于消费者环保意识和政府绿色补贴政策对制造商绿色生产决策的影响，在竞争的环境下建立了一个绿色供应链模型。

2.2.1　问题描述

所有的制造商之间存在非合作竞争，并且竞争关系不仅发生在不同的制造商之间，也发生在同一个制造商里，这是因为一个制造商可能会生产不同绿色等级的产品。对于消费者而言，不同绿色等级的产品是存在差异的。另外，由于品牌的不同，不同制造商生产的相同绿色等级的产品也是存在差异的。

图 2 - 1 说明了不同绿色等级的产品从所有制造商到需求市场的供应链流程图。其中，I 表示生产不同绿色等级的产品制造商的个数，i 表示某个典型的制造商。为了方便起见，使用包含 0 的正整数表示产品的绿色等级，并且数字越大，说明产品的绿色等级越高。绿色等级 0 的产品表示非绿色产品（传统产品）。从图 2 - 1 中，能看到每个制造商在考虑消费者环保意识和政府绿色补贴的条件下愿意生产绿色等级为 $0 \sim z$ 的产品，并且分配所有产品到同一个需求市场上。从现实来看，在汽车市场，同时存在着传统的汽车、混合动力

汽车(如 PRIUS、INSIGHT)及氢汽车(如 MIRAI)。可以看出,这些类型的汽车在环保程度上具有不同的绿色等级。

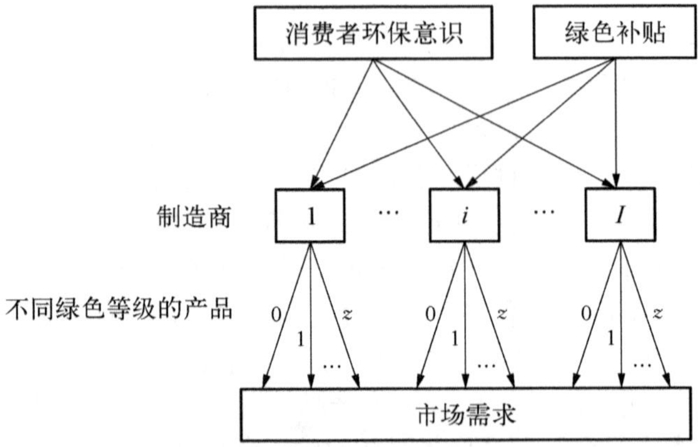

图 2-1 供应链系统

2.2.2 供应链模型

上一小节中,描述了所要研究的问题,即考虑消费者环保意识和政府补贴的制造商绿色生产问题。在本小节中,将该问题刻画为相应的数学模型。

$t(t=0,\ 1,\ \cdots,\ z)$ 表示产品的绿色等级,并且考虑它为一个外生参数,同时是一个包括 0 的非负整数。由于存在制造商绿色技术和生产成本的限制,生产产品的绿色等级是有限的。本章假设如果制造商 i 能生产绿色等级 t 的产品,那么这个制造商也将能生产比绿色等级 t 低的其他绿色等级的产品。x_i^t 表示一个 0-1 变量,即

$$x_i^t=\begin{cases}1, & \text{制造商 } i \text{ 生产绿色等级 } t \text{ 的产品}\\ 0, & \text{制造商 } i \text{ 不生产绿色等级 } t \text{ 的产品}\end{cases} \tag{2.1}$$

在式(2.1)中,$x_i^t(t=0,\ 1,\ \cdots,\ z;\ i=1,\ \cdots,\ I)$ 组成 $(z+1)\times I$ 维的向量 $\boldsymbol{x}$,并且它也可以表示为 $\boldsymbol{x}=(x_1^0,\ \cdots,\ x_1^z,\ \cdots,\ x_i^0,\ \cdots,\ x_i^z,\ \cdots,\ x_I^0,\ \cdots,\ x_I^z)^{\mathrm{T}}$。

d_i^t 表示制造商 i 生产的绿色等级为 t 的产品的生产量。生产量 d_i^t 组成 $(z+1)\times I$ 维的向量 $\boldsymbol{d}$,并且同样可以表示为 $\boldsymbol{d}=(d_1^0,\ \cdots,\ d_1^z,\ \cdots,\ d_i^0,\ \cdots,\ d_i^z,\ \cdots,\ d_I^0,\ \cdots,\ d_I^z)^{\mathrm{T}}$,其中 $\boldsymbol{d}\in\boldsymbol{R}_+^N$,并且 N 代表着所有制造商生产的所有绿色等级的产品分配到需求市场的产品流的数量。另外,基于现实情形,本章考虑每个绿色等级的产品的生产量不能是负的,即

$$d_i^t\geqslant 0\ (t=0,\ 1,\ \cdots,\ z;\ i=1,\ \cdots,\ I) \tag{2.2}$$

ρ_i^t 表示制造商 i 生产的绿色等级 t 产品的价格，具体价格函数如下所示。

$$\rho_i^t = \rho_i^t(\boldsymbol{d}, \boldsymbol{x}, t, \lambda) \ (t = 0, 1, \cdots, z; i = 1, \cdots, I) \tag{2.3}$$

根据式(2.3)，制造商 i 生产的绿色等级 t 产品的价格依赖于绿色等级 t 以及其他绿色等级产品的生产数量。当 0-1 变量 $x_i^t = 1$ 时，本章考虑价格 ρ_i^t 关于生产数量 d_i^t 是单调递减的、连续的以及连续可微的(Nagurney and Yu, 2012; Masoumi et al., 2012; Yu and Nagurney, 2013)。价格 ρ_i^t 也依赖于所有其他制造商关于绿色等级的决策。消费者愿意用更高的价格购买更绿色的产品(Bemporad and Baranowski, 2007)，并且生产更绿色的产品需要更多的成本(Conrad, 2005)。因此，产品价格与绿色等级之间具有正向的关系。另外，产品价格也与消费者的环保意识水平 λ 有关，其中 λ 是一个随机因素，并且它的期望值是 $E(\lambda) = \sigma$。事实上，σ 代表着每单位绿色改善所产生的价格上升的幅度。这是由于消费者为了帮助改善环境质量，他们愿意花费更多的钱来购买更绿色的产品。本章考虑 σ 的下界是 0，并且对于每种产品，其上界是唯一的(Liu et al., 2012)。

由于制造商在生产绿色产品时，可能会使用一些同质的原材料和资源，因此，不同制造商之间将会产生竞争。为了更好地处理竞争关系，本章假设制造商 i 所生产的绿色等级 t 产品的总成本会受到所有制造商生产的所有绿色等级产品的生产数量的影响，同时受到所有其他制造商对于每个绿色等级的选择的影响。因此，成本函数为

$$c_i^t = c_i^t(\boldsymbol{d}, \boldsymbol{x}, t) \ (t = 0, 1, \cdots, z; i = 1, \cdots, I) \tag{2.4}$$

根据式(2.4)，当 0-1 变量 $x_i^t = 1$ 时，本章假设产品的总成本关于变量 d_i^t 是连续可微的并且是凸的(Yu and Nagurney, 2013; Yu et al., 2015)。此外，本章考虑产品的成本与其绿色等级 t 是正相关的。这是因为每单位更高绿色等级产品的生产可能需要更加昂贵的能源和材料以及复杂的生产与物流运作(Liu et al., 2012)。

为了促进制造商生产绿色产品，政府为他们提供绿色补贴政策。本书定义 s^t 为政府对绿色等级 t 产品的单位绿色补贴，并且假设单位补贴 s^t 与产品的绿色等级 t 相关。

一般而言，一个制造商的利润等于获得的总收入减去产生的总成本。在本章中，制造商的收入包括两个部分，即产品销售所获得的收益以及政府提供的绿色补贴。每个制造商的目标是使自己的利润达到最大。U_i 表示制造商 i 的利润函数，制造商 i 的优化模型如下所示。

$$\max U_i = E\left[\sum_{t=0}^{z}\left[\rho_i^t(\boldsymbol{d}, \boldsymbol{x}, t, \lambda)d_i^t + s^t d_i^t - x_i^t c_i^t(\boldsymbol{d}, \boldsymbol{x}, t)\right]\right] \quad (2.5)$$

$$\text{约束条件} \quad d_i^t \leqslant x_i^t M \ (t=0, 1, \cdots, z) \quad (2.6)$$

在上述优化模型式(2.5)和式(2.6)中，x_i^t 是一个 0-1 变量；E 是期望；d_i^t 是决策变量，并且对于所有的 i 和 t，有 $d_i^t \in \boldsymbol{R}_+$，它表示制造商 i 生产绿色等级 t 产品的生产数量；M 是一个充分大的常数。式(2.5)包含了产品的期望收益、政府绿色补贴以及总的运作成本(包括绿色成本)。约束条件式(2.6)表达了当制造商 i 不生产绿色等级 t 产品时，生产数量 $d_i^t=0$(也就是 $x_i^t=0$)。否则，$d_i^t>0$(即 $x_i^t=1$)。

根据优化模型式(2.5)和式(2.6)，每个制造商需要确定他们将选择生产哪些绿色等级的产品以及对应的生产数量，来使自己的利润达到最大。接下来，本章将提供合适的方法来求解所提出的优化模型。

2.3 模型转化与算法

在 2.2 节中，已描述了所要研究的问题以及建立的相应的优化模型。在本节中，将具体求解该问题。首先，把优化问题转化为变分不等式问题进行分析，并且证明最优解是唯一存在的。其次，基于变分不等式理论，提出了一个高效率的收敛算法。

2.3.1 模型转化

根据上述优化模型，由于其复杂性较高，不能直接通过求导的方法进行最优值求解。具体的原因是该优化模型包括了 $2\times(z+1)\times I$ 个决策变量，用向量 $\boldsymbol{Y}=(d_i^t, x_i^t)(t=0, 1, \cdots, z; i=1, \cdots, I)$ 来表示。注意到如果通过计算目标函数式(2.5)以及约束条件式(2.1)、式(2.2)和式(2.6)的一阶导数和二阶导数来判断其凹凸性是非常困难的。另外，在优化模型中，根据 0-1 变量 x_i^t 的不同取值，目标函数和约束条件将发生变化。也就是说，具体的优化模型会依赖于 x_i^t 的具体取值。基于这些特征，建立的优化模型是很复杂的，因此需要采用变分不等式的理论来重新构架该优化模型。根据变分不等式理论，在任何给定的产品绿色等级下，可以将优化模型转化为变分不等式问题。由此，将获得绿色产品的最优生产数量。然后，基于少数的制造商和绿色等级，可以通过比较所有的情形来确定最优的绿色等级。

Nagurney(1998)研究发现，变分不等式理论对构架各种各样的均衡问题提供了一个有效的工具，并且能从解的存在性和唯一性的角度来定性地分析问题。它也对发展有效的算法提供了一种途径。Nagurney 等(2002)发展了一个供应链网络模型并且建立了一种有限维度的变分不等式形式。由此,变分不等式理论已被广泛地使用在相关研究中(Nagurney and Yu, 2012; Masoumi et al., 2012; Yu et al., 2015)。例如,Yu 和 Nagurney(2013)使用该理论来考虑一个竞争的食品供应链网络;Hamdouch(2011)使用它来讨论一个供应水平有限的供应链网络均衡问题。因此,对于所建立的供应链模型,使用变分不等式理论来获得均衡解是非常合理的。

下面,首先讨论优化模型的性质,然后应用变分不等式理论来重新构架该模型。定义为

$$\boldsymbol{U}=\boldsymbol{U}(\boldsymbol{D}) \tag{2.7}$$

式中,$\boldsymbol{D}$ 表示所有制造商生产绿色产品的生产量向量;$\boldsymbol{U}$ 表示所有制造商利润的一个 I 维向量。

基于变分不等式理论,为了得到多个制造商之间的均衡,首先需要构架每个制造商的优化模型为变分不等式问题。在优化模型式(2.5)和式(2.6)中,根据产品价格函数式(2.3)和成本函数式(2.4)的假设,当 0 - 1 变量确定后,每个制造商的利润函数 U_i 关于变量 d_i 都是一个连续可微且凹的函数,其中 $d_i=(d_i^0, d_i^1, \cdots, d_i^z)^{\mathrm{T}}$。此外,定义 d_i^* 为每个制造商在其产品绿色等级确定下的均衡生产数量,并且使得 $d_i^* \in H_{i1}$。由于市场需求是有限的,可以得出 $H_{i1} \equiv \{d_i \mid 0 \leqslant d_i \leqslant m\}$,并且它是紧凸的。根据以上性质,将得到下面的定理。

定理 2.1　对于每个制造商,$d_i^* \in H_{i1}$ 是优化模型式(2.5)和式(2.6)的全局最优解,当且仅当它满足下面的变分不等式。

$$\sum_{t=0}^{z}\left[\frac{\partial c_i^t(d^*, \boldsymbol{x}, t)}{\partial d_i^t}x_i^t-\rho_i^t(d^*, x, t, \sigma)-\frac{\partial \rho_i^t(d^*, \boldsymbol{x}, t, \sigma)}{\partial d_i^t}d_i^{t*}-s^t\right]\times$$
$$[d_i^t-d_i^{t*}]\geqslant 0, \quad \forall d_i \in H_{i1} \tag{2.8}$$

式中,$H_{i1} \equiv \{d_i \mid d_i \in \boldsymbol{R}_+^{N_i}\}$。

Masoumi 等(2012)证明得到了定理 2.1。在本章中,I 个制造商在非合作的环境下竞争。定理 2.1 已保证了每个制造商所得到解的全局最优性。根据 Cournot(1838)的介绍,均衡的观念隐含着竞争或者非合作的行为。在给定产品绿色等级的情况下,这两篇文献解释了每个制造商确定各自的最优生产数量,并且在给定其他竞争者已做出最优决策的条件下,满足所有制造商的均衡条件可以同时在一个变分不等式中表达(Bazaraa et al., 1993; Dafermos and Nagurney, 1987)。因此,在考虑所有制造商生产决策的条件下,可以通过求

解一个加和的变分不等式就能同时得到多个制造商之间的均衡。

接下来，I 个制造商在竞争的环境下确定不同绿色等级产品的生产量从而使自身的利润达到最大。根据定义 2.1，需要确定均衡解 $D^* \in H = \prod_{i=1}^{I} H_i$。在该均衡下，$I$ 个制造商都不会改变自身的生产决策并且一直保持这种均衡。

定义 2.1 （不同绿色等级产品的供应链均衡）在给定任何产品绿色等级的条件下，如果每个制造商 i $(i=1, \cdots, I)$ 满足式(2.9)，供应链将达到均衡状态。

$$U_i(D_i^*, \hat{D}_i^*) \geqslant U_i(D_i, \hat{D}_i^*), \ \forall D_i \in H_i \tag{2.9}$$

式中，$\boldsymbol{D}_i$ 代表制造商 i 所生产的绿色产品数量的向量，并且 $\hat{D}_i^* \equiv (D_1^*, \cdots, D_{i-1}^*, D_{i+1}^*, \cdots, D_I^*)$ 和 $H_i \equiv \{\boldsymbol{D}_i \mid \boldsymbol{D}_i \in \boldsymbol{R}_+^{N_i}\}$。

根据现有的相关文献(Zhang, 2006; Yu and Nagurney, 2013)，能得到满足定义 2.1 的不同绿色等级产品供应链均衡的变分不等式形式，如定理 2.2 所示。

定理 2.2 如果制造商 i $(i=1, \cdots, I)$ 的期望利润函数 $U_i(D)$ 关于决策变量 $\boldsymbol{D}_i$ 是连续可微的并且是凹的，根据定义 2.1，$\boldsymbol{D}^* \in H$ 是一个均衡解，当且仅当它满足如下变分不等式。

$$-\sum_{i=1}^{I} \langle \nabla_{D_i} U_i(D^*)^{\mathrm{T}}, D_i - D_i^* \rangle \geqslant 0, \ \forall D \in H \tag{2.10}$$

式中，$\nabla_{D_i} U_i(D)$ 是期望利润函数 $U_i(D)$ 关于决策变量 D_i 的梯度；$\langle \cdot , \cdot \rangle$ 是欧式空间的内积。

基于式(2.10)，转化优化模型式(2.5)为下面的变分不等式(2.11)。向量 $\boldsymbol{d}^* \in H_1$ 满足

$$\sum_{i=1}^{I} \sum_{t=0}^{z} \left[\frac{\partial c_i^t(\boldsymbol{d}^*, x, t)}{\partial d_i^t} x_i^t - \rho_i^t(d^*, x, t, \sigma) - \frac{\partial \rho_i^t(\boldsymbol{d}^*, x, t, \sigma)}{\partial d_i^t} d_i^{t*} - s^t \right] \times [d_i^t - d_i^{t*}] \geqslant 0, \ \forall d \in H_1 \tag{2.11}$$

式中，$H_1 \equiv \{d \mid d \in \boldsymbol{R}_+^N\}$。

定理 2.2 的证明 变分不等式(2.10)来自 Gabay 和 Moulin 的研究。所以有以下等式

$$\nabla_{D_i} U_i(D) = \left[\frac{\partial U_i}{\partial d_i^t} \right] \ (t=0, 1, \cdots, z; \ i=1, \cdots, I)$$

由于 λ 是一个随机因素并且 $E(\lambda)=\sigma$，根据式(2.5)，也得到如下等式

$$U_i=\sum_{t=0}^{z}\left[\rho_i^t(d,x,t,\sigma)d_i^t+s^t d_i^t-x_i^t c_i^t(d,x,t)\right]$$

对于每一个 t $(t=0,1,\cdots,z)$ 和 i $(i=1,\cdots,I)$ 得到

$$\frac{\partial U_i}{\partial d_i^t}=\frac{\partial\left\{\sum_{t=0}^{z}\left[\rho_i^t(d,x,t,\sigma)d_i^t+s^t d_i^t-x_i^t c_i^t(d,x,t)\right]\right\}}{\partial d_i^t}$$

$$=\sum_{t=0}^{z}\left[\rho_i^t(d,x,t,\sigma)+\frac{\partial\rho_i^t(d,x,t,\sigma)}{\partial d_i^t}d_i^t+s^t-\frac{\partial c_i^t(d,x,t)}{\partial d_i^t}x_i^t\right]$$

在上述等式中添加一个负号，然后乘以 $(d_i^t-d_i^{t*})$。对于每个制造商，依据可行集 H_{i1} 的定义，得到变分不等式(2.8)。此外，本章研究 I 个竞争的制造商，并且每个制造商的目标函数能够转化为变分不等式(2.8)。这样，共有 I 个变分不等式。为了得到每个制造商的最优解，I 个变分不等式需要同时被满足。根据变分不等式的性质，仅需要解决变分不等式(2.11)，即根据可行集 H_1 的定义对所有的制造商进行加总。

研究发现 I 个变分不等式(2.8)和加总的变分不等式(2.11)是等价的。这是因为根据 I 个变分不等式(2.8)，将得到变分不等式(2.11)。相反，如果变分不等式(2.11)被满足，会得到每个制造商的变分不等式(2.8)。原因是对于任意的 i，能够设定 $\hat{d}_i=\hat{d}_i^*$，其中 $\hat{d}_i\equiv(d_1,\cdots,d_{i-1},d_{i+1},\cdots,d_I)$。

为了在接下来的章节中方便表达，现提供变分不等式(2.10)和(2.11)的标准形式。使用向量 $D^*\in H^0$ 来满足

$$\langle G(D^*)^{\mathrm{T}},D-D^*\rangle\geqslant 0,\ \forall D\in H^0 \tag{2.12}$$

式中，$\langle\cdot,\cdot\rangle$ 表示 n 维欧式空间的内积。让 $D\equiv d$ 和

$$G(D)\equiv\left[\frac{\partial c_i^t(d,x,t)}{\partial d_i^t}x_i^t-\rho_i^t(d,x,t,\sigma)-\frac{\partial\rho_i^t(d,x,t,\sigma)}{\partial d_i^t}d_i^t-s^t\right]$$
$$(i=1,\cdots,I;\ t=0,\cdots,z) \tag{2.13}$$

以及 $H^0\equiv H_1$。下面，提供纳什均衡解的存在性。

定理 2.3(存在性)　变分不等式(2.11)至少存在一个纳什均衡解。这是因为一定有 $f>0$，使得变分不等式(2.12)在 H_f^0 中有一个纳什均衡解满足

$$d^f \leqslant f \tag{2.14}$$

定理 2.3 的证明 由于人口是有限的,所以市场上的需求是有限的。这使得制造商 i 生产绿色等级 t 产品的生产量 d_i^t 一定是有界的。因此,得到

$$H_f^0 \equiv \{d \mid 0 \leqslant d \leqslant f\}$$

式中,$f > 0$ 和 $d \leqslant f$ 意味着对于所有的 i $(i = 1, \cdots, I)$ 和 t $(t = 0, 1, \cdots, z)$,有 $d_i^t \leqslant f$。然后,H 的子集 H_f^0 将是有界、紧闭和凸的。这样,根据变分不等式

$$\langle G(D^f)^{\mathrm{T}}, D - D^f \rangle \geqslant 0, \ \forall D \in H_f^0$$

至少有一个纳什均衡解 $d^f \in H_f^0$ 存在,这是因为 G 是连续的并且 H_f^0 是紧凸的。

接下来,提供这个纳什均衡解的唯一性,如定理 2.4 所示。

定理 2.4(唯一性) 基于建立的优化模型,变分不等式(2.11)中的 $G(D)$ 在 $H^0 \equiv H_1$ 上是严格单调的,所以变分不等式(2.11)的纳什均衡解一定是唯一的。

定理 2.4 的证明 本章考虑价格 ρ_i^t 关于生产量 $d_i^t(i = 1, \cdots, I;\ t = 0, 1, \cdots, z)$ 是单调下降、连续且可微的,并且成本 c_i^t 关于生产量 d_i^t 是连续可微且凸的。因此,变分不等式(2.11)中的 $G(D)$ 在 $H^0 \equiv H_1$ 是严格单调的,即

$$\langle [G(D^1) - G(D^2)]^{\mathrm{T}}, D^1 - D^2 \rangle > 0, \ \forall D^1, D^2 \in H^0;\ D^1 \neq D^2$$

该式意味着变分不等式(2.11)存在的纳什均衡解一定是唯一的。

根据定理 2.3 和定理 2.4,在给定任何产品绿色等级的条件下,能得到均衡的生产量是存在且唯一的。基于现实的情况,产品的绿色等级是有限的并且是少数的。为了得到每个制造商的最优绿色等级,需要比较所有的情况(关于绿色等级的任何选择)。在每种情况中,每个制造商都存在唯一的均衡解。通过对不同情况之间的比较,在给定其他制造商产品绿色等级的条件下,如果没有制造商改变自身的生产决策,而单方面地改善其利润水平,一个均衡就会存在。另外,本书考虑每个制造商在获得相同利润的条件下,将优先考虑绿色等级,然后考虑生产数量,所以这个均衡将一定是唯一的。因此,基于这种方式,能得到唯一均衡的产品绿色等级以及相应的生产数量。

2.3.2　算法

在本小节中,发展了一个欧拉算法来求解变分不等式问题式(2.11)。当定理2.3和定理2.4成立时,这个算法能够保证收敛到问题式(2.11)的最优解。欧拉方法首先被Dupuis和Nagurney(1993)使用,并且被相应文献广泛地应用(Yu and Nagurney, 2013; Masoumi et al., 2012)。

具体来讲,首先提供欧拉算法的计算框架,具体的计算框架如式(2.15)所示。

$$D^{\tau+1}=P_{H^0}[D^{\tau}-a_{\tau}G(D^{\tau})] \tag{2.15}$$

式中,τ 表示算法的迭代次数(Dupuis and Nagurney, 1993); G 是变分不等式问题式(2.12)中的函数; P_{H^0} 是在可行集 H^0 上投影; a_τ 是 τ 次迭代后的序列。为了保证式(2.15)的收敛,随着 $\tau\to\infty$,必须使序列 $\{a_\tau\}$ 满足 $\sum_{\tau=0}^{\infty}a_\tau=\infty$, $a_\tau>0$, $a_\tau\to 0$(Masoumi et al., 2012)。当相邻结果之间差异的空间距离不超过给定的收敛公差时,能够得到最优解。

接下来,本小节将欧拉方法应用到初始的优化模型中。根据变分不等式(2.11),得到显性表达式(2.16)。

$$\begin{aligned}(d_i^t)^{\tau+1}=\max\Big\{0,\ (d_i^t)^{\tau}+a_\tau\Big[&-\frac{\partial c_i^t(d,x,t)}{\partial d_i^t}x_i^t+\rho_i^t(d,x,t,\sigma)+\\&\frac{\partial\rho_i^t(d,x,t,\sigma)}{\partial d_i^t}d_i^t+s^t\Big]\Big\},\\&\forall i;\ \forall t;\ i=1,\cdots,I;\ t=0,\cdots,z\end{aligned} \tag{2.16}$$

根据不动点理论,能得到迭代方程式(2.16)。当相邻绿色产品的生产数量之间差异的空间距离不超过一个给定的收敛公差时,式(2.16)将会达到收敛。

在下面小节中,将基于现实中的一个算例研究来实现该算法,并且通过Matlab软件求解最优数值结果。

2.4　算例分析

在本节中,将研究汽车市场的情形。考虑两个汽车制造商,并且他们可能生产不同绿色等级的汽车。相关的参数主要来自文献和相关网站。因此,该算例研究是基于实际的市场情形所产生的。

丰田是第一位在汽车的环保性和可持续性上进行技术创新的公司。实际上,丰田已经打造了最好的绿色品牌,这是因为它生产了混合动力和氢原料汽车,并且实施了多样化的绿色策略。本田也一直尝试着创造一个绿色形象并且生产对环境友好的汽车。随着消费者环保意识的不断提高,汽车制造商要想走可持续发展之路,就需要生产绿色汽车来保护环境,也需要遵守政府条例。早在 1997 年,丰田与日本政府合作,首先生产了 PRIUS,这是世界上第一辆混合动力汽车。2012 年,PRIUS 的售价为 23 万～27 万元人民币。在 2015 年年初,PRIUS 的全球销量已超过了 250 万辆。在 2014 年年末,丰田在全球范围内首次对消费者出售氢原料汽车 MIRAI,它的价格是 38 万元人民币。另外,本田也开始投资混合动力汽车的研究。2009 年 2 月,本田发行了混合动力汽车 INSIGHT,当时的价格为 21 万元人民币。在日本,本田生产的混合动力汽车达到了所生产汽车总数的 47%。在下面的算例中,确定传统汽车的绿色等级为 0,混合动力汽车(比如 PRIUS、INSIGHT)的绿色等级为 1,以及氢原料汽车(比如 MIRAI)的绿色等级为 2。

不同绿色等级汽车(比如传统汽车、混合动力汽车和氢原料汽车)的生产会受到政府绿色补贴政策和消费者环保意识的影响。本节分为三个场景来分析制造商对不同绿色等级汽车的最优生产。在场景 1 中,考虑一个基本情形,即政府开始提供一个绿色补贴政策,并且市场中存在一个初始的消费者环保意识水平。在场景 2 中,随着环境污染日益严重,消费者的环保意识水平逐渐提高,他们愿意用更高的价格来购买更环保的汽车。在场景 3 中,考虑政府颁布一个新的补贴政策来改善社会福利。此外,由于本节是基于相对的结果来分析这三个场景中得到的结论,所以不显示每个数字的具体单位。

下面,将提供算例中所需要的价格和成本函数,其中价格函数如式(2.17)所示。

$$\rho_i^t = a_i^t + t\sigma - \sum_{k=1}^{2}\sum_{t=0}^{2} x_k^t b_k^t d_k^t (t=0,\ 1,\ 2;\ i=1,\ 2) \tag{2.17}$$

式中,参数 $a_i^t > 0$, $b_k^t > 0$。任何一个制造商生产绿色等级 t 产品的价格依赖于每个制造商对每一种绿色等级产品的生产数量(Masoumi et al., 2012; Yu and Nagurney, 2013)。竞争关系不仅发生在这两个制造商之间,也发生在每个制造商内部。比如,当这两个制造商都生产传统和绿色等级 1 产品时,那么竞争发生在四种类型的产品之中。另外,产品的价格与绿色等级以及消费者的环保意识都是呈正相关的(Conrad, 2005; Bemporad and Baranowski,

2007)。

总成本函数为

$$c_i^t = \alpha_i^t \, (d_i^t)^2 + \beta_i^t t^2 d_i^t (t = 0,\ 1,\ 2;\ i = 1,\ 2) \tag{2.18}$$

式中,参数 $\alpha_i^t > 0$, $\beta_i^t > 0$。在整个算例研究中,假设制造商 i 生产绿色等级 t 产品的成本仅仅取决于绿色等级 t 以及制造商 i 生产绿色等级 t 产品的数量,并且 c_i^t 是关于 d_i^t 和 t 的一个二次函数。成本函数形式的设定是由于产品的环境改善会产生一个递增的边际成本。换句话说,环境的改善会越来越困难,因此要付出更多的成本。在相关文献中,二次形式的成本函数普遍被使用(Deutch and Lester, 2004; Moraga-Gonzalez and Padron-Fumero, 2002; Harnisch et al., 1998)。

根据 2.3.2 节中提出的欧拉算法,假设收敛公差为 10^{-6},并且序列 $a_\tau = 0.1\left(1,\ \frac{1}{2},\ \frac{1}{2},\ \frac{1}{3},\ \frac{1}{3},\ \frac{1}{3},\ \cdots\right)$。另外,针对这种算法,本节赋予每个绿色等级的汽车数量初始值为 2.5(Yu and Nagurney, 2013)。

2.4.1　基础算例

为了应用所提出的欧拉算法,首先考虑一个基本场景。在该场景中,基于设定的政府补贴政策和消费者环保意识,将得到制造商的最优绿色等级以及相应的汽车生产数量。

在该基础算例中,初期的消费者平均环保意识 σ 等于 2(Liu et al., 2012)。政府对不同绿色等级汽车的补贴金额为 $s^0 = 0$, $s^1 = 2$, $s^2 = 5$。制造商 1 拥有一定的绿色技术,不仅生产传统汽车,而且生产绿色汽车。最优情形下的价格函数为

$$\rho_1^0 = 25 - d_1^0 - 0.4d_1^1 - 0.5d_2^0$$
$$\rho_1^1 = 28 + 1 \times 2 - d_1^1 - 0.4d_1^0 - 0.3d_2^0$$
$$\rho_2^0 = 23 - d_2^0 - 0.5d_1^0 - 0.3d_1^1$$

最优情形下的总运作成本函数为

$$c_1^0 = (d_1^0)^2$$
$$c_1^1 = (d_1^1)^2 + 12 \times 1^2 d_1^1$$
$$c_2^0 = (d_2^0)^2$$

基于上述相关函数和参数设定,得到如下最优结果,如表 2－1 所示。

表 2-1　算例 1 中最优情形下的结果

	制造商 1		制造商 2
绿色等级	0	1	0
生产数量	5.240 0	4.117 1	4.786 2
价　格	15.720 1	22.351 1	14.358 7
利　润	88.815 5		45.815 9
总补贴金额＝8.234 1			
绿色汽车份额（%）＝29.11%			

接下来,考虑传统的情形,即两个制造商都仅生产传统汽车。传统情形下的价格函数为

$$\rho_1^0 = 25 - d_1^0 - 0.5d_2^0$$
$$\rho_2^0 = 23 - d_2^0 - 0.5d_1^0$$

传统情形下的总运作成本函数为

$$c_1^0 = (d_1^0)^2$$
$$c_2^0 = (d_2^0)^2$$

得到结果如表 2-2 所示。

表 2-2　算例 1 中传统(次优)情形下的结果

	制造商 1	制造商 2
绿色等级	0	0
生产数量	5.619 0	5.047 6
价　格	16.857 2	15.142 9
利　润	63.147 4	50.957 1

从表 2-1 可知,制造商 1 愿意生产传统(绿色等级 0)汽车和绿色等级 1 的汽车,同时制造商 2 只生产传统汽车而不生产绿色汽车。此时,竞争关系发生在这三种类型的产品中。制造商 1 赚得 88.815 5 的利润,而制造商 2 的利润仅为 45.815 9,制造商 1 明显优于制造商 2。从表 2-2 可知,如果制造商 1 不生产绿色等级 1 的汽车,仅可得到 63.147 4 的利润,这意味着其未发挥利润最大化的全部潜力。比较表 2-1 和表 2-2 中的结果,发现由于绿色汽车的生

产，这两个制造商都会遭受传统汽车的销量损失，以至于降低从传统汽车销售中所获得的利润。然而，由于绿色汽车生产的竞争优势，制造商1仍然有高的总利润，并且达到了40.65%的上升。与此同时，制造商2的利润下降了10.09%。根据成本函数，制造商1在绿色汽车生产上比制造商2具有更好的成本结构。此外，消费者具有环保意识和行为，政府也提供绿色补贴，所以制造商1必然会生产绿色汽车来获得更多的利润。

经过上述分析，绿色产品的生产能够产生竞争优势，并且会给制造商带来更多的利润。制造商以低的成本来生产高绿色等级的产品是非常重要的，这也是绿色产品发展的一个必要条件。

2.4.2　环保意识灵敏度分析

随着消费者的环保意识不断提高(Bemporad and Baranowski, 2007; Hartman Group, 2007; Eurobarometer, 2009)，制造商2可能也开始生产绿色汽车。为了分析消费者环保意识与制造商绿色生产之间的关系，考虑消费者环保意识从$\sigma=2$上升到$\sigma=5$，并且保持跟算例1中相同的政府补贴政策。最优情形下的价格函数为

$$\rho_1^0=25-d_1^0-0.4d_1^1-0.5d_2^0-0.3d_2^1$$
$$\rho_1^1=28+1\times 5-d_1^1-0.4d_1^0-0.3d_2^0-0.5d_2^1$$
$$\rho_2^0=23-d_2^0-0.5d_1^0-0.3d_1^1-0.4d_2^1$$
$$\rho_2^1=26+1\times 5-d_2^1-0.3d_1^0-0.5d_1^1-0.4d_2^0$$

最优情形下的总运作成本函数为

$$c_1^0=(d_1^0)^2$$
$$c_1^1=(d_1^1)^2+12\times 1^2 d_1^1$$
$$c_2^0=(d_2^0)^2$$
$$c_2^1=(d_2^1)^2+24\times 1^2 d_2^1$$

基于以上条件，得到此场景下的最优结果，如表2-3所示。

表2-3　算例2中最优情形下的结果

	制造商1		制造商2	
绿色等级	0	1	0	1
生产数量	5.127 5	4.786 9	4.670 0	0.800 1
价　格	15.382 6	24.361 0	14.010 1	24.400 1

(续表)

	制造商 1	制造商 2
利　润	98.413 8	44.898 5
总补贴金额=11.174 1		
绿色汽车份额(%)=36.32%		

接下来,考虑次优的情形,即制造商不改变生产决策,并且保持与算例 1 中最优情形下的相同绿色等级。次优情形下的价格函数为

$$\rho_1^0 = 25 - d_1^0 - 0.4d_1^1 - 0.5d_2^0$$
$$\rho_1^1 = 28 + 1 \times 5 - d_1^1 - 0.4d_1^0 - 0.3d_2^0$$
$$\rho_2^0 = 23 - d_2^0 - 0.5d_1^0 - 0.3d_1^1$$

该情形下的成本函数与算例 1 中最优情形下的成本函数是一致的。由此,得到次优情形下的结果如表 2-4 所示。

表 2-4　算例 2 中次优情形下的结果

	制造商 1		制造商 2
绿色等级	0	1	0
生产数量	5.170 0	4.877 6	4.737 9
价　格	15.510 0	24.633 0	14.213 8
利　润	101.040 8		44.896 0

表 2-3 显示了当这两个制造商都生产绿色等级 0 和 1 汽车时的最优决策。与算例 1 中最优情形下的结果相比较(表 2-1),制造商 1 生产的绿色等级 1 汽车数量上升了 16.27%,并且其利润上升了 10.81%。然而,制造商 2 开始转向绿色生产模式,其利润下降了 2.00%。在表 2-4 中,尽管消费者环保意识提高,但如果这两个制造商不改变其生产决策,则发现制造商 1 的利润从 88.815 5 上升到 101.040 8,而制造商 2 的利润从 45.815 9 稍微下降到 44.896 0。

比较表 2-3 和表 2-4 中的结果,制造商 2 改变自己的生产决策是重要的,以至于其利润上升到 44.898 5。这是由于消费者环保意识水平的提高导致传统汽车市场遭受收缩,同时绿色汽车市场不断地扩张,这两个制造商都遭受传统汽车销量的损失。然而,由于竞争机制已被改变,且四种类型的汽

车之间存在相互竞争(两个制造商都生产传统汽车和绿色等级1汽车),与传统汽车相比,制造商2生产绿色汽车会产生竞争优势,并且降低了制造商1的绿色汽车销量。由此,制造商1的利润会有下降的趋势,同时制造商2的利润会提高。这是因为制造商2开始生产绿色汽车,具有竞争优势,这能弥补传统汽车销量收缩,以及生产绿色汽车需要较高的成本所带来的损失。

图2-2显示了消费者环保意识对这两个制造商利润的影响,存在着一个临界点$\sigma=4.9935$。当$2\leqslant\sigma<4.9935$时,制造商2不生产绿色汽车,竞争关系发生在三种类型的汽车中(制造商1的传统汽车和绿色等级1汽车以及制造商2的传统汽车)。随着消费者环保意识σ的上升,制造商1的利润将上升同时制造商2的利润将下降。当$4.9935\leqslant\sigma\leqslant7$时,制造商2除了生产传统汽车外,也会生产绿色等级1的汽车。此时,竞争机制将由于制造商2生产绿色等级1汽车而发生改变。这两个制造商的利润都将随着σ的上升而上升。

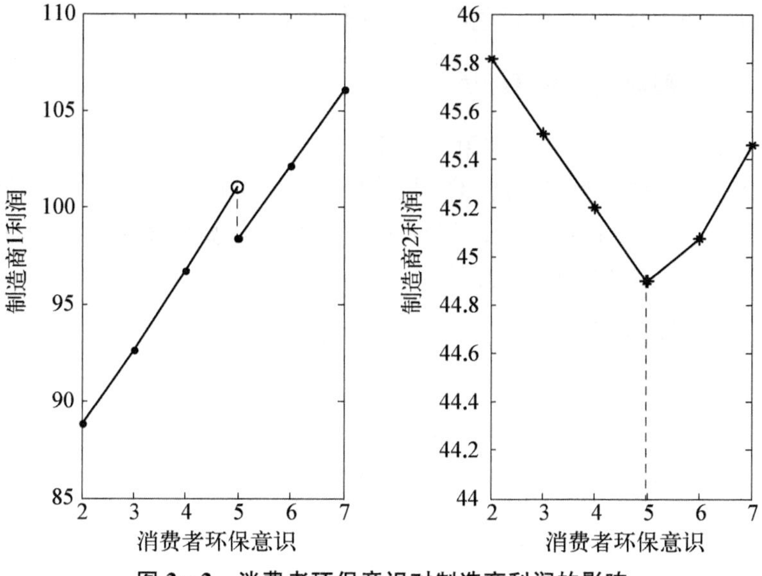

图2-2 消费者环保意识对制造商利润的影响

图2-3表明了环保意识与绿色汽车份额之间的关系,显示了绿色等级1汽车在市场上的份额将随着σ的上升而持续地上升。

以上分析显示,消费者环保意识的提高能够促使制造商生产更高绿色等级的产品,但并不意味着制造商们能赚取更多利润,这主要取决于不同绿色等级产品在市场中所占的份额大小(市场结构)。随着竞争越来越激烈,不提供

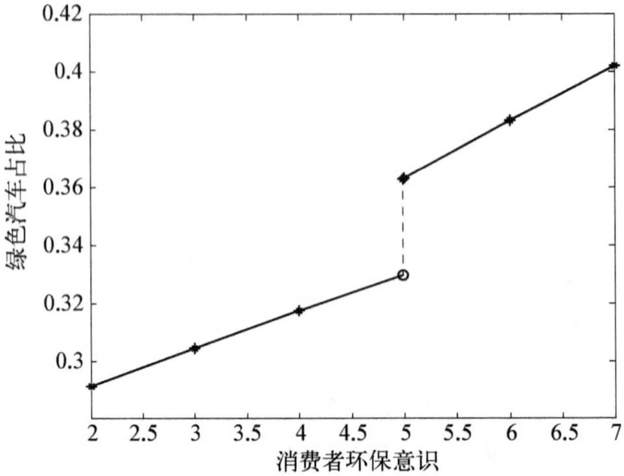

图 2-3 消费者环保意识对绿色汽车份额的影响

更高绿色等级产品的制造商可能会获得更高的利润。然而，随着消费者环保意识的增强，那些开始生产绿色产品的制造商的利润会有所下降。

2.4.3 补贴政策灵敏度分析

为了分析政府绿色补贴政策的改变对制造商生产决策的影响，考虑政府重新制定绿色补贴政策，其补贴金额由原来的 $s^0=0$、$s^1=2$、$s^2=5$ 变为 $s^0=s^1=0$、$s^2=10$。在该算例中，消费者的环保意识与算例 2 中的设定保持一致 $(\sigma=5)$。此外，最优情形下的价格函数为

$$\rho_1^0=25-d_1^0-0.4d_1^1-0.3d_1^2-0.5d_2^0$$
$$\rho_1^1=28+1\times5-d_1^1-0.4d_1^0-0.4d_1^2-0.3d_2^0$$
$$\rho_1^2=32+2\times5-d_1^2-0.3d_1^0-0.4d_1^1-0.2d_2^0$$
$$\rho_2^0=23-d_2^0-0.5d_1^0-0.3d_1^1-0.2d_1^2$$

最优情形下的总成本函数为

$$c_1^0=(d_1^0)^2$$
$$c_1^1=(d_1^1)^2+12\times1^2d_1^1$$
$$c_1^2=(d_1^2)^2+10\times2^2d_1^2$$
$$c_2^0=(d_2^0)^2$$

根据以上相关函数，最优情形下的结果如表 2-5 所示。

表 2-5　算例 3 中最优情形下的结果

	制造商 1			制造商 2
绿色等级	0	1	2	0
生产数量	5.101 0	5.332 2	0.388 5	4.693 0
价　格	15.303 0	24.064 1	37.009 7	14.079 1
利　润	103.492 5			44.049 1
总补贴金额＝3.884 5				
绿色汽车份额(%)＝36.87%				

接下来，考虑次优的情形。随着政府补贴政策的变化，制造商将不改变绿色生产决策。次优情形下的价格函数以及总运作成本函数与算例 2 中最优情形下的函数形式一致。次优情形下的结果如表 2-6 所示。

表 2-6　算例 3 中次优情形下的结果

	制造商 1		制造商 2	
绿色等级	0	1	0	1
生产数量	5.198 4	4.331 5	4.740 9	0.344 7
价　格	15.595 2	24.994 6	14.222 6	25.033 7
利　润	91.570 7		45.189 3	

在表 2-5 中，能看到制造商 1 愿意生产传统汽车以及绿色等级 1 和绿色等级 2 的汽车，同时制造商 2 仅生产传统汽车而不生产绿色汽车。与算例 2 中最优情形下的结果相比较(表 2-3)，制造商 1 获得了更多的利润，其上升了 5.16%，而制造商 2 的利润下降了 1.89%。另外，比较表 2-3 与表 2-5 也能发现，更高的绿色等级给制造商 1 带来了更多的利润，并且使得政府可以投入更少的总补贴金额，这意味着提高绿色等级对制造商 1 和政府是有利的。

政府的绿色补贴政策对制造商的生产决策具有很大的影响。从表 2-6 可知，与算例 2 中最优的结果(表 2-3)相比较，如果制造商 1 不改变其生产决策，那么势必遭受利润的损失(利润从 98.413 8 降到 91.570 7)。比较表 2-5 和表 2-6 可以看出，制造商 1 提高了汽车的绿色等级，而制造商 2 放弃了绿色汽车的生产，这种改变使制造商 1 的利润上升到 103.492 5，制造商 2 的利润下降到 44.049 1。由于制造商生产绿色等级 1 汽车没有补贴，但生产绿色等级 2 汽车会获得更高的单位补贴，所以制造商 1 具有更多的竞争优势(相比较制造商 2,制造商 1 具有更好的成本结构)。此外,只有制造商 1 生产绿色等级 2 的汽车,并且仍然有一些消费者愿意出钱购买绿色等级 1 的汽车。因此,为了获得更多的利润,制造商 1 必然生产更高绿色等级的汽车,制造商 2 放弃生产绿色汽车从而降低其损失。由此可见,随着绿色补贴政策的改变,四种类型汽车(制造商 1 的绿色等级 0、1、2 汽车,制造商 2 的传统汽车)之间的竞争将发生变化。图 2-4、图 2-5 和图 2-6 显示了政府提供给生产绿色等级 2 汽车制造商的单位补贴对制造商利润、政府总补贴金额和市场上绿色汽车所占份额的影响。

在图 2-4 中,存在着一个临界点 $s^2=8.6271$。当 $5\leqslant s^2<8.6271$ 时,制造商 1 放弃生产绿色等级 2 汽车,同时制造商 2 仅生产传统汽车而不生产绿色汽车。由此,该竞争关系与算例 1 中的最优情形是相同的。这两个制造商的利润都将随着 s^2 的上升不发生改变。当 $8.6271\leqslant s^2\leqslant 14$ 时,制造商 1 选择生产绿色等级 2 汽车,竞争关系将由于绿色等级 2 汽车的加入而发生改变。随着 s^2 的上升,制造商 1 的利润先下降后上升。同时,制造商 2 的利润持续地下降。

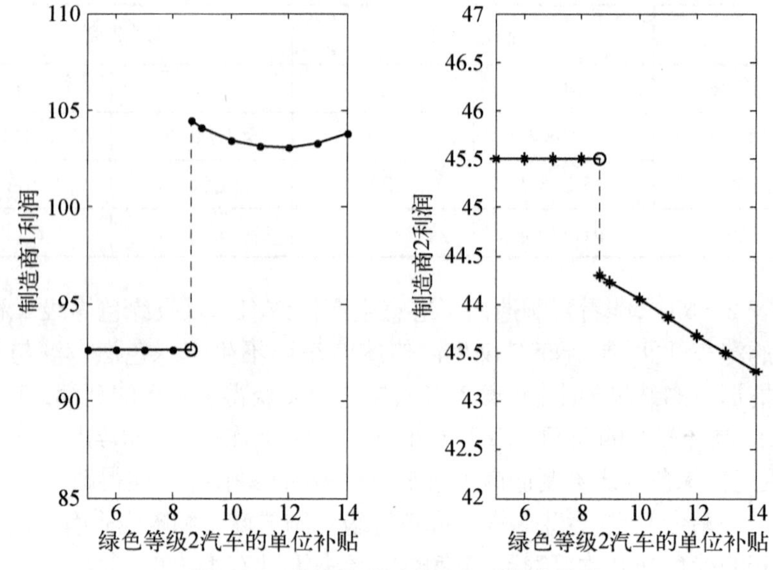

图 2-4 单位补贴对制造商利润的影响

图 2-5 显示政府的总补贴金额将随着 s^2 的上升而上升。此外,如果单位补贴 s^2 从 8.627 1 变化到 11.935 8,制造商 1 将愿意生产更高绿色等级的汽车来赚取更高的利润,并且绿色汽车(绿色等级比 0 高的所有汽车)在市场中所占的份额将更高。与算例 2 中的最优情形相比(表 2-3),政府提供给制造商的总补贴金额将降低。

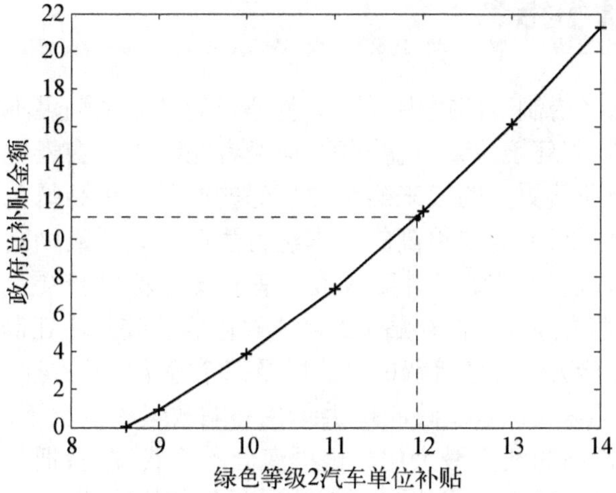

图 2－5　单位补贴对政府总补贴金额的影响

在图 2－6 中，当 $5 \leqslant s^2 < 8.6271$ 时，绿色汽车的市场份额不发生改变。当 $8.6271 \leqslant s^2 \leqslant 14$ 时，绿色汽车的市场份额将随着 s^2 的上升而上升。

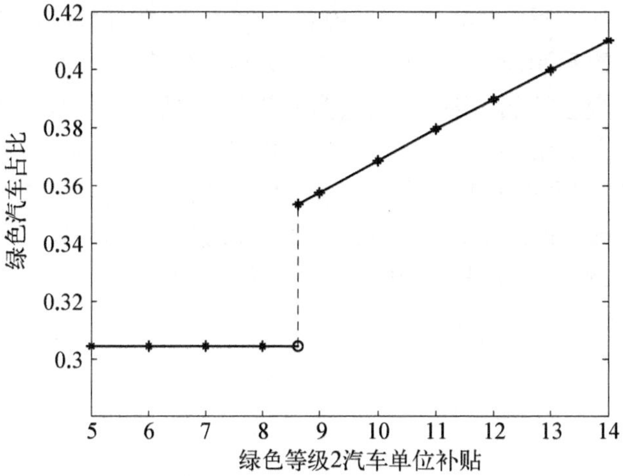

图 2－6　单位补贴对市场上绿色汽车所占份额的影响

综合上述分析，一个好的补贴政策能为制造商带来更多的利润并且能提高市场上绿色产品的数量及绿色等级，同时也使得政府的总补贴金额降低。由于绿色补贴政策的改变，竞争机制可能被改变，这将为生产更高绿色等级产品的制造商带来绝对的竞争优势。此外，那些需要投入大量资金才能生产绿色产品的制造商可能最终仅仅生产传统产品，其利润也自然地会减少。

2.5 本章小结

在本章中，考虑制造商提供不同绿色等级的产品来满足不同绿色偏好的消费者需求。随着环境污染日益严重，消费者在购物时会表现出明显的环保意识，他们愿意花费更多的钱来购买更环保的产品。更高绿色等级的产品会产生更少的排放物，但需要更高的成本进行生产。为了鼓励制造商生产高绿色等级的产品，政府实施绿色补贴政策。基于该政策，生产更高绿色等级产品的制造商将获得更高的单位补贴金额。本章内容主要集中在制造商的生产决策上，即确定生产哪些绿色等级的产品以及每个等级的产品生产数量是多少。在消费者具有环保意识以及政府提供绿色补贴政策的情况下，建立一个供应链模型来使制造商的利润最大化。根据变分不等式理论，把此优化问题构造为一个变分不等式问题，进而提出欧拉算法进行数值求解。

通过算例研究，本章得到了一些好的结论以及管理内涵。第一，消费者环保意识的增强能够促使制造商生产更多高绿色等级的产品，但这并不意味着制造商能够获得更多的利润，这主要取决于市场结构。在这样一个环保意识不断增强的社会中，为了可持续发展并且获得更多的长期利润，制造商必须考虑产品的绿色性来改变传统的生产模式。第二，一个好的补贴政策能够为制造商创造更多的利润，并且能增加市场上更高绿色等级产品的数量，同时使得政府的总补贴金额降低。因此，制造商应当根据绿色补贴政策的改变来调整自己的绿色生产决策，并且需要改善自身的情形(成本结构)来提高产品的绿色等级，而不能完全地依赖于外部因素(政府补贴)。第三，随着消费者环保意识和政府补贴政策的改变，制造商在竞争越来越激烈的环境下可能获得更多的利润。此外，建立的优化模型能够帮助制造商确定在何种情况下应当生产或者放弃高绿色等级的产品。

第3章

基于消费者好感度的最小承诺订货策略研究

第2章着眼于对环保敏感的消费者的需求研究了绿色生产问题，在本章中，将考虑对服务水平敏感的消费者，他们会根据零售商过去所提供的服务质量形成对零售商的好感度。消费者的好感度会直接影响零售商的未来需求，进而影响其获利水平。本章研究零售商的最小承诺订货策略，即当零售商向供应商订货时，需要承诺一个最小的订货量。由此，本章将分析消费者好感度与最优订货之间的关系。在现实中，零售商在确定最小承诺订货量以及实际订货量时，他们需要考虑消费者好感度对其未来需求的影响，从而实现长期利润的最大化。

3.1 背景介绍

随着生活水平不断提高，消费者对服务质量越来越敏感。一般而言，消费者会根据他们过去购买产品时所感知的服务质量而对零售商形成一种印象。本章把这种印象称为好感度水平。消费者的这种好感度水平会极大地影响零售商的未来需求。在一个竞争的市场中，缺货现象普遍发生，零售商向消费者所提供的服务水平参差不齐。由于生活节奏逐步加快，当消费者在购买产品时，如果遇到缺货情况，他们通常不会选择等待，而是直接到其他零售商那里去购买。缺货的发生会导致零售商立即遭受当前的销量损失，同时也会降低消费者对零售商的好感度水平，从而影响其未来利益(Schwartz, 1966)。消费者对零售商的好感度水平会受到零售商供货水平的影响。零售商的供货水平来源于其向供应商的订货量。订货量的增加会提高消费者对零售商的好感度，从而使得消费者今后更愿意选择到该零售商处购买商品。当消费者的好感度上升时，零售商的需求量自然也会上升。在长期的运行中，消费者的好感度可能具有一些很好的性质(比如稳定性、单调性等)，如果零售商能充分地利用这些性质,有助于更好地做出相应决策来扩大自身的长期利润。因此,对于一个需要长期发展并且追求长期利益的零售商来说,考虑消费者的好感度水平是极其重要的。

在现实中,零售商与供应商之间常常会签订一个订货承诺合同。不同的供应商的订货承诺合同形式也会不同。常见的订货承诺包括最小订货量承诺、指定的订货量承诺等(Ben-Tal et al., 2005; Bassok et al., 2008)。当零售商向供应商开始订货时,供应商一般会向零售商提供一个具体的承诺订货合同。零售商会在整个计划期开始时,向供应商承诺其在未来的每一期中最小的订货量。供应商根据零售商所承诺的最小订货量,向零售商承诺一个相应的批发价格。批发价格的高低取决于最小承诺量的大小。通常情况下,最小承诺量越大,批发价格越低,即称为价格折扣策略。一旦双方之间的协议达成后,在合同期内,将不能发生改变。最小订货量承诺在很多行业中普遍存在,比如农业、制药业等。这是由于最小订货量承诺对供应商和零售商双方都是有利可图的。对于零售商来说,如果能享受一个最小订货量承诺,那么即使在产品比较紧缺的情况下,供应商也会保证为其提供一个固定的订货量。另外,对于供应商来说,最小订货量承诺的实现能够减少或者消除零售商订货的不确定性或可变性,并且也可能由于大批量生产而降低其总成本。

3.2 问题与模型

在本节中,首先描述了具体研究的问题,即考虑消费者具有服务敏感行为的零售商的最小承诺订货问题。然后,基于消费者的好感度水平对零售商未来需求的影响及其与最小承诺订货量之间的关系,建立零售商的动态规划模型。

3.2.1 问题描述

在本章中,基于消费者的服务敏感行为以及供应商的价格折扣策略,研究零售商的最小承诺订货决策问题,即如何在整个计划期之初确定一个承诺的最小订货量以及在未来每一期中确定相应的实际订货量,从而使自身的长期利润达到最大。

鉴于零售商会长期向供应商购买同质的易腐产品,并且每一期都发生订货行为,为了与零售商之间达成一个较高的最小订货量承诺,供应商会提供一个批发价格折扣。在每一期中,零售商的实际订货量将不会小于承诺的最小订货量。此外,消费者会根据过去零售商所提供的服务水平确定对零售商的一种好感度水平。消费者好感度水平的高低会影响零售商未来需求的大小。

在考虑消费者好感度以及价格折扣的条件下，追求零售商的长期利润最大化。与此同时，本章也对消费者好感度及最优订货量进行稳态分析，并且分析消费者好感度对零售商最小承诺订货决策的影响。

根据 3.1 节中研究背景的介绍，本章研究内容主要包括消费者好感度与零售商的最小承诺订货量之间的关系。如果零售商在整个计划期开始阶段确定一个更高的最小承诺订货量，那么消费者在未来购买产品时遇到缺货的概率将会减少，这是因为每一期的实际订货量会提高（实际订货量一定不会小于最小承诺订货量）。消费者获得的较高的服务水平会提升他们对零售商的好感度，从而会提高其未来需求。然而，越高的最小承诺量越可能导致库存过剩，这样会使零售商产生额外的成本来处理那些没卖出去的产品。对于易腐产品来说，没卖出去的部分会被直接抛弃，这会给零售商造成很大的损失。如果零售商确定一个较低的最小承诺量，消费者将会面临缺货，从而导致零售商当前销售量的损失，降低消费者对零售商的好感度水平。在本章研究中，发现最小承诺数量的提高不一定会增加消费者对零售商的好感度。在一些情形下，相反的结果可能会发生。

3.2.2　动态模型

在 3.2.1 节中，描述了需要研究的问题，即考虑消费者服务敏感行为的零售商的最小承诺订货决策。在本小节中，为该问题建立相应的数学模型。

k 表示零售商在每一期的最小承诺订货量，并且满足

$$k \geqslant 0 \tag{3.1}$$

q_t 表示零售商在第 t 期订货的数量，并且每一期的订货量都是非负的，即 $q_t \geqslant 0$。另外，每期的订货量 q_t 不能比最小承诺的订货量 k 小，即

$$q_t \geqslant k \tag{3.2}$$

c 表示供应商的批发价格，并且它的大小依赖于零售商最小承诺的订货量 k，即

$$c = c(k) \tag{3.3}$$

其中，假设批发价格 c 是关于 k 的减函数。在现实中，供应商通常会提供一种灵活的订货承诺合同来吸引零售商。根据现有的相关文献，零售商决策自己的最小承诺量是合理的。比如，Ben-Tal 等（2005）研究了零售商和供应商之间的承诺合同问题。在该文献中，供应商允许零售商在整个计划期开始时指定每一期的承诺订货量。对于供应商来说，低的最小承诺量匹配一个高的批发价格也是非常合理的（Altintas et al., 2008）。此外，在实际中，大型的供应商

通常会根据零售商不同的最小承诺量来提供不同的批发价格。由于批发价格与最小承诺量之间具有对应关系,假设它们之间关系的形式是近似于连续的。因此,在本章中,供应商的批发价格是零售商承诺最小订货量的连续递减函数。这种假设能被大量现有文献所支持。例如,Fazel 等(1998)以及 Corbett 和 De Groote(2000)均考虑如果订货量连续地上升,那么相应的折扣价格连续地下降。

G_t 表示在第 t 期一个典型消费者对零售商的好感度水平。这里需要注意的是,“典型消费者”的使用是根据经济学中“虚拟个体”的观念产生的(Mas-Colell et al., 1995),并且能够被当作理论上的平均消费者(Ingene and Parry, 2004)。消费者对零售商的好感度取决于零售商的服务质量(供货水平),它意味着如果消费者在过去的需求能够被满足,那么他们会对零售商产生一个较高的好感度,反之则会产生较低的好感度。

D_t 表示在第 t 期的市场需求,并且 D_t 是随机的。让 ϕ_t 表示消费者在第 t 期的满足水平,则有

$$\phi_t = E[D_t \wedge q_t] \tag{3.4}$$

式中, $D_t \wedge q_t = \min(D_t, q_t)$;$E$ 表示期望。在本章中,考虑的产品是易腐同质的。那么,在每一期末,未被卖出去的产品将被抛弃或者回收,假设其残值为 0。因此,在每一期初,零售商没有初始的库存。在很多文献中,这种假设是常见的。比如,Hall 和 Porteus(2000)以及 Liu 等(2007)分别基于易腐产品建立了一个动态模型,并且在该模型中,每一期初的初始库存均为 0。

在本研究中,消费者的好感度取决于零售商过去所提供的服务水平,并且用效用函数来刻画它。这种思想来源于 Nerlove 和 Arrow(1962)。所以,消费者将根据如下的方式更新他们对零售商的好感度,即

$$G_{t+1} = \rho G_t + u(\phi_t) \tag{3.5}$$

式中, $\rho \in (0, 1)$,它是一个衡量消费者记忆能力的参数。高的 ρ 意味着消费者对过去购买经历具有一个长期的记忆。$u: [0, M] \to \boldsymbol{R}_+$ 表示一个连续且非减的消费者效用函数(Adelman and Mersereau, 2013),它的大小依赖于产品供应水平 ϕ_t。M 是一个充分大的正常数,它表示产品供应水平的上界。上述模式对一群消费者同样也是适用的。Sethi(1977)和 Dube 等(2005)从一个同质的消费者群体出发,研究了一个基于好感度的消费者行为模型。另外,G 表示稳态消费者好感度。本章是在多期的环境中研究一个动态报童模型,所以主要集中在稳态分析上,定义消费者稳态好感度的取值范围。稳态好感度的下界是基于无满足水平来产生,即满足 $G = \rho G + u(0)$,得到 $G = u(0)/(1-$

ρ)。同样,稳态好感度的上界是 $G = u(M)/(1-\rho)$。由此,定义稳态好感度的取值范围作为一个紧的集合,即 $\wp = \{G \in \boldsymbol{R}_+ : u(0)/(1-\rho) \leqslant G \leqslant u(M)/(1-\rho)\}$。

ε_t 表示一个均值是0并且标准差是 σ 的连续随机变量。假设 ε_t 在每一期中是独立且同分布的。假设第 t 期市场的需求依赖于 G_t 和 ε_t。也就是说,市场需求是由一个确定均值和一个随机噪声两个部分组成的(Liu et al., 2007)。在本章研究中,当前的好感度 G_t 是基于过去的满足水平通过一个积累的过程所形成的。在现实中,零售商不断地在市场中提供产品给消费者(比如农产品、乳制品等)。如果消费者遭受缺货或者得到一次成功的购买,那么他们将对零售商是失望的或者满意的。随着时间的推移,消费者会根据他们过去所获得的服务质量对零售商形成一种好感度。这种设定与 Adelman 和 Mersereau 研究中(2013)中的考虑是相似的。下面,定义随机需求

$$D_t = aG_t + \varepsilon_t \tag{3.6}$$

式中, $a > 0$, 表示需求对好感度的敏感性。根据式(3.5)和式(3.6),本章是在一个动态的环境下研究报童模型。在该模型里,当期的消费者满足水平会影响下一期的需求。这种考虑能被现存的文献所支持。Hall 和 Porteus(2000)的研究表明,消费者对零售商过去的供应水平是敏感的,并且他们下一期的期望需求会被当期的产品供应水平所影响。

在整个计划期开始时,零售商根据供应商所提供的批发价格折扣来确定最小的承诺数量。在每一期开始,零售商将观察消费者对自己的好感度并且做订货决策,同时比较订货量与最小承诺量之间的大小。然后,零售商将达到自己实际的订货量。需求可能被满足,也可能由于缺货而丢失。最后,不被使用的产品在每一期末要么被抛弃要么被回收。在现实中,这种假设对易腐的产品是合理的。有很多文献研究易腐产品的多期问题。比如,Liu 等(2007)以及 Hall 和 Porteus(2000)在一个动态的环境下考虑了零售商之间的竞争,发现不同期之间唯一的联系是产品供应水平的影响。

给定初始的好感度 G_1, 本小节对零售商多期的优化问题进行建模,如下所示。

$$V(G_1) = \sum_{t=1}^{\infty} \gamma^{t-1} \prod\nolimits_t (k, q_t, G_t) \tag{3.7}$$

其中

$$\prod\nolimits_t (k, q_t, G_t) = pE[q_t \wedge D_t(G_t)] - c(k)q_t,\ t \geqslant 1 \tag{3.8}$$

在式(3.7)和式(3.8)中，p 表示销售价格；γ 表示折扣因素并且满足 $0 < \gamma < 1$；$\prod_t(k, q_t, G_t)$ 是零售商在第 t 期的期望利润，即总收益与总成本之间的差异。

下面，提供零售商的动态优化模型，如式(3.9)和式(3.10)所示。

$$V_t(G_t) = \max_{0 \leqslant k \leqslant q_t} \left\{ \prod_t (k, q_t, G_t) + \gamma V_{t+1}(G_{t+1}) \right\} \tag{3.9}$$

$$\text{约束条件} \quad G_{t+1} = \rho G_t + u\{E[q_t \wedge D_t(G_t)]\}, \ t \geqslant 1 \tag{3.10}$$

式(3.9)中，G_t 是状态变量；k 和 q_t 是零售商的决策变量。式(3.9)中的约束条件表示承诺的最小数量是非负的，并且每一期的订货量必须不小于该承诺的最小量。式(3.9)中的第一项解释了第 t 期的利润，第二项表示从第 $t+1$ 期到整个计划期结束的总利润。约束条件(3.10)代表消费者好感度的状态转移方程。

根据上述的动态模型式(3.9)和式(3.10)，本章只知道市场需求的部分信息。这种情形需要采用鲁棒优化的方法来解决该问题。鲁棒优化的方法常常被用来处理不确定的参数仅属于一个不确定集合的情形(Ben-Tal et al., 2005)。在本章研究中，仅仅知道需求的均值和方差信息。这样，在市场上，存在着大量的可能发生的需求，并且每个需求都有一个概率使得它发生。由此，需要找到需求的最坏分布来保证最优目标函数值不是最坏的情况。因此，一个 max-min 的准则被采纳，即利润函数能够在需求最坏的分布下达到最大。根据式(3.9)和式(3.10)，该 max-min 模型如下所示。

$$\begin{aligned} V_t(G_t) = \max_{0 \leqslant k \leqslant q_t} \min_{\mathrm{d}F(D_t)} \int \{ & pE(D_t \wedge q_t) - cq_t + \\ & \gamma V_{t+1}[\rho G_t + u[E(D_t \wedge q_t)]]\} \mathrm{d}F(D_t) \end{aligned} \tag{3.11}$$

$$\text{约束条件} \begin{cases} \int_{\Omega} \mathrm{d}F(D_t) = 1 \\ \int_{\Omega} D_t \mathrm{d}F(D_t) = aG_t \\ \int_{\Omega} D_t^2 \mathrm{d}F(D_t) = a^2 G_t^2 + \sigma^2 \\ \mathrm{d}F(D_t) \geqslant 0 \end{cases} \tag{3.12}$$

式(3.12)中，aG_t 是期望需求；σ 是需求的标准差；Ω 是所有可能需求的集合；$\mathrm{d}F(D_t) \in H$，并且 H 是在给定随机需求的均值和标准差情况下所有可能满足要求的分布的集合。本章并不假设需求的分布函数一定是连续的。在现实中，它可能是连续的，也可能是离散的。为了简化本章的符号表达，使用 $\int D_t \mathrm{d}F(D_t)$ 表示连续或者离散需求分布的期望。具体来说，如果需求是连续的，$\int D_t \mathrm{d}F(D_t)$ 是通常的期望符号；如果它是离散的，$\int D_t \mathrm{d}F(D_t)$ 等于 $\sum_i D_{ti}\xi_{ti}$，其中 ξ_{ti} 是对应需求 D_{ti} 的概率。

3.3 稳态分析

根据 max-min 模型式(3.11)和式(3.12)，首先要求解内部问题来确定需求的最坏分布。在长期中，将刻画稳态的消费者好感度以及求解零售商的最小承诺订货量。

为了找到需求的最坏分布，首先解决 max-min 模型式(3.11)和式(3.12)的内部问题，如下所示。

$$\min_{\mathrm{d}F(D_t)}\int\{pE(D_t \wedge q_t)-cq_t+\gamma V_{t+1}[\rho G_t+u[E(D_t \wedge q_t)]]\}\mathrm{d}F(D_t)$$

$$\text{约束条件}\begin{cases}\int_\Omega \mathrm{d}F(D_t)=1\\ \int_\Omega D_t\mathrm{d}F(D_t)=aG_t\\ \int_\Omega D_t^2\mathrm{d}F(D_t)=a^2G_t^2+\sigma^2\\ \mathrm{d}F(D_t)\geqslant 0\end{cases}\tag{3.13}$$

对于最小化问题式(3.13)，注意到该目标函数是关于 $E[D_t \wedge q_t]$ 的增函数。因此，在确定需求的最坏分布时，求解最小化问题式(3.13)与求解最小化问题式(3.14)是等价的，即

$$\min_{\mathrm{d}F(D_t)}\int E[D_t \wedge q_t]\mathrm{d}F(D_t)$$

$$\text{约束条件}\begin{cases}\int_\Omega \mathrm{d}F(D_t)=1\\ \int_\Omega D_t\mathrm{d}F(D_t)=aG_t\\ \int_\Omega D_t^2\mathrm{d}F(D_t)=a^2G_t^2+\sigma^2\\ \mathrm{d}F(D_t)\geqslant 0\end{cases}\tag{3.14}$$

在最小化问题式(3.14)中，目标函数关于决策变量 $\mathrm{d}F(D_t)$ 是一个线性规划问题(Zhu et al., 2013)。

最小化问题式(3.14)的对偶问题如下所示。

$$\max \theta + \alpha a G_t + \beta(a^2 G_t^2 + \sigma^2)$$
$$\text{约束条件} \quad \theta + \alpha D_t + \beta D_t^2 \leqslant E[D_t \wedge q_t], \quad \forall D_t \in \Omega \tag{3.15}$$

式中，θ、α 和 β 分别表示相应的对偶变量。根据互补松弛定理，初始问题式(3.14)和对偶问题的最优解将满足互补松弛条件，即当需求 D_t 满足下面的等式时，$\mathrm{d}F(D_t)$ 将取到非零值，

$$\theta + \alpha D_t + \beta D_t^2 = E[D_t \wedge q_t] \tag{3.16}$$

本节能得到原始问题存在一个最优解 $\mathrm{d}F(D_t)$，并且最优解仅在式(3.16)满足的两个点 D_t 上得到。因此，两点分布是需求的最坏分布(Yue, et al., 2006; Gallego and Moon, 1993)。本节得到引理 3.1。

引理 3.1　在需求的最坏分布下，本节得到满足水平的确定性表达式，即

$$\phi_t = \frac{1}{2}\left[q_t + aG_t - \sqrt{(q_t - aG_t)^2 + \sigma^2}\right] \tag{3.17}$$

引理 3.1 显示第 t 期的满足水平 ϕ_t 依赖于订货量 q_t、平均需求 aG_t 以及需求的标准差 σ。另外，式(3.17)也隐含着 ϕ_t 比 q_t 和 aG_t 小，即 $E[\min(q_t, D_t)] \leqslant \min[q_t, E(D_t)]$，这能依据赫尔德不等式来解释。根据式(3.9)和式(3.10)，能得到下面的等式

$$V_t(G_t) = \max_{0 \leqslant k \leqslant q_t} \{p\phi(q_t, G_t) - cq_t + \gamma V_{t+1}[\rho G_t + u[\phi(q_t, G_t)]]\}, \tag{3.18}$$

式中，$\phi(q_t, G_t)$ 即式(3.17)中的 ϕ_t。

引理 3.1 的证明　为了确定需求的最坏情形，需要解决最小化问题，即式(3.14)。在随机需求的最坏情形下，得到存在两个可能的需求，即它们在每一期的概率大于 0。此外，基于 $E[D_t \wedge q_t]$ 和 $\theta + \alpha D_t + \beta D_t^2$ 的特征，得到其中一个需求比订货量大，另一个需求比订货量小。由此得到下面的等式。

$$E[D_t \wedge q_t] = \xi_{t1}\min(D_{t1}, q_t) + \xi_{t2}\min(D_{t2}, q_t) = D_{t1}\xi_{t1} + q_t\xi_{t2}$$

式中，D_{t1} 和 D_{t2} 表示两个可能的需求；ξ_{t1} 和 ξ_{t2} 是相应的概率。因此，

$$\min_{\xi_{t1}}[D_{t1}\xi_{t1} + q_t\xi_{t2}]$$
$$\text{约束条件}\begin{cases} \xi_{t1} + \xi_{t2} = 1 \\ D_{t1}\xi_{t1} + D_{t2}\xi_{t2} = aG_t \\ D_{t1}^2\xi_{t1} + D_{t2}^2\xi_{t2} = a^2G_t^2 + \sigma^2 \\ \xi_{t1}, \xi_{t2} \geqslant 0 \end{cases}$$

基于上式中的约束,得到

$$D_{t1}=aG_t-\frac{\sigma\sqrt{(1-\xi_{t1})\xi_{t1}}}{\xi_{t1}}$$

内部的最小化问题成为

$$\min_{\xi_{t1}}[q_t-\xi_{t1}q_t+\xi_{t1}aG_t-\sigma\sqrt{(1-\xi_{t1})\xi_{t1}}]$$

得到概率 ξ_{t1} 为

$$\xi_{t1}=\frac{1}{2}\left[1+\frac{q_t-aG_t}{\sqrt{(q_t-aG_t)^2+\sigma^2}}\right]$$

因此,

$$E[D_t\wedge q_t]=\frac{1}{2}\left[q_t+aG_t-\sqrt{(q_t-aG_t)^2+\sigma^2}\right]$$

由此,得到式(3.18)。

依据鲁棒优化的方法,本节已在需求最坏分布的情况下得到了目标函数式(3.18)。所得到的解能够满足所有可能需求 ($D_t\in\Omega$) 下的约束,并且保证了实际的最优目标函数值不会比式(3.18)中的函数值更差。本章是在长期中研究动态规划问题,接下来,将集中在稳态分析和稳态解上。

为了研究消费者的好感度随着时间变化的过程,本章将分析它的稳态性。定义 G^* 为稳态时的好感度。当达到稳态时,零售商将没有动力来促使消费者改变它。这意味着零售商已获得了最优的订货量 q^*,并且将不会改变其决策。换句话说,如果消费者习惯了好感度为 G^*,那么对于零售商来说,订货量 q^* 是其最优的决策,这是因为 q^* 能使消费者的好感度达到 G^*。让 $\frac{\partial\phi}{\partial q}=\phi'_q$,得到如下定理 3.1。

定理 3.1　稳态的好感度 G^* 和订货量 q^* 一定属于下面两种情况中的一种,即情况 1($q=k$):$q^*=k$,并且 G^* 满足式(3.19)。

$$\begin{cases}\dfrac{u[\phi(G,k)]}{1-\rho}=G\\[2mm]\dfrac{p\phi'_q}{1-\gamma}<\dfrac{c}{1-\gamma\rho}\end{cases}\tag{3.19}$$

情况 2($q>k$):q^* 和 G^* 满足式(3.20)。

$$\begin{cases}\dfrac{u[\phi(G,\ k)]}{1-\rho}=G \\ \dfrac{p\phi'_q}{1-\gamma}=\dfrac{c}{1-\gamma\rho}\end{cases} \tag{3.20}$$

定理 3.1 的证明 假如存在一个稳态 G，对于一个很小的 $\delta>0$，

$$G_1=\rho G+u[\phi(q+\delta,\ G)]$$

然后，

$$G'_1=u'\phi'_q$$

另外，

$$\rho G_1+u[\phi(\bar{q},\ G_1)]=\rho G+u[\phi(q,\ G)]$$

然后得到

$$\bar{q}'=-\frac{G'_1(\rho+u'\phi'_G)}{u'\phi'_q}$$

对于目标函数，一阶导数条件产生

$$p\phi'_q-c+\gamma[p(\phi'_q\bar{q}'+\phi'_G G'_1)-c\bar{q}']\leqslant 0$$

将式(3.9)和式(3.11)放入上式中，有

$$p\phi'_q(1-\gamma\rho)\leqslant c[1-\gamma(u'_\phi\phi'_G+\rho)]$$

此外，根据方程式(3.5)，在长期中，

$$(1-\rho)G=u[\phi(G,\ q)]$$

因此，稳态的好感度 G^* 和订货量 q^* 满足

情况 1($q=k$)

$$\begin{cases}(1-\rho)G=u[\phi(G,\ k)] \\ p\phi'_q(1-\gamma\rho)<c[1-\gamma(u'_\phi\phi'_G+\rho)]\end{cases}$$

或者情况 2($q>k$)

$$\begin{cases}(1-\rho)G=u[\phi(G,\ q)] \\ p\phi'_q(1-\gamma\rho)=c[1-\gamma(u'_\phi\phi'_G+\rho)]\end{cases}$$

此外，我们得到 $\rho+u'_G=1$。

首先分析第 1 种情况。在稳态中，订货量上升 Δq 将导致满足水平边际上

升 $\phi'_q\Delta q$，从而使得长期收益上升 $[p\phi'_q/(1-\gamma)]\Delta q$。然而，零售商的产品成本同时也将上升。在第一期，产品的成本将上升 $c\Delta q$。在第二期，产品成本将上升 $\rho c\Delta q$。以此类推，在第 t 期，产品的成本将上升 $\rho^{t-1}c\Delta q$。因此，得到式(3.19)中的不等式约束。这是因为承诺的最小数量 k 对零售商来说太高，最优的订货数量 q 可能会小于 k（即 $q<k$）。然而，零售商必须购买数量 k 的产品，这会由于供应过剩而产生成本。类似地，对于情况2，因为 $q>k$，零售商将获得最优的订货量 q。式(3.20)中的第二个隐性约束反映了长期收益与成本之间的平衡。另外，把消费者好感度刻画为效用的一个指数平移形式。由于记忆的影响，累加的效用等于稳态的好感度，该关系体现在式(3.19)和式(3.20)中的第一个约束中。因此，一个较高的最小承诺量是提高还是降低零售商的长期利润，这主要取决于产品的零售价格、批发价格以及消费者记忆等因素。

命题3.1　当零售商获得最优订货量时，下一期的好感度 G_{t+1} 将随着当期的好感度 G_t 上升而下降，并且好感度 G_t 将随着时间单调地收敛到一个恒定的稳态值 G^*。

命题3.1的证明　定义 $G_{t+1}=\rho G_t+u[\phi(q_t, G_t)]$ 为第 $t+1$ 期的消费者好感度，然后

$$u^{-1}(G_{t+1}-\rho G_t)=\phi(q_t, G_t)=\frac{1}{2}[q_t+aG_t-\sqrt{(q_t-aG_t)^2+\sigma^2}]$$

式中，$u^{-1}(\cdot)$ 是 $u(\cdot)$ 的反函数。上述的等式隐含着

$$q_t(G_{t+1}-G_t)=u^{-1}(G_{t+1}-\rho G_t)+\frac{\sigma^2}{4[aG_t-u^{-1}(G_{t+1}-\rho G_t)]}$$

把上式代入最优化方程，并且把 G_{t+1} 作为决策变量，然后得到

$$V_t(G_t)=\max_{0\leqslant k\leqslant q_t(G_{t+1}, G_t)}[pu^{-1}(G_{t+1}-\rho G_t)-cq_t(G_{t+1}, G_t)+\gamma V_{t+1}(G_{t+1})]$$

根据 $u(\cdot)$ 的凹性，很容易得到 $u^{-1}(\cdot)$ 的凹性，这隐含着 $u^{-1}(G_{t+1}-\rho G_t)$ 的次模性。这些结果意味着下面的等式具有逐步下降的性质

$$G^*_{t+1}=\arg\max_{G_{t+1}}[pu^{-1}(G_{t+1}-\rho G_t)-cq_t(G_{t+1}, G_t)+\gamma V_{t+1}(G_{t+1})]$$

该式进一步导致稳态路线的全局收敛性。

命题3.1显示，如果当前的好感度 G_t 上升，需求将上升。当订货量达到最优时，需求上升的幅度将会大于订货量上升的幅度。而下一期的好感度 G_{t+1} 将会下降。此外，所有订货量的路径将会收敛到一个唯一的稳态订货量 q^*。

这是因为稳态的好感度将会导致稳态的需求，从而导致稳态的订货量。因此，为了得到更高的利润，零售商需要充分利用好感度的这些性质（稳定性和单调性），并且要意识到，通过不断地提高最小承诺量来改善消费者的好感度是没有必要的。

为了在稳态的条件下确定一个最优的最小承诺量，需要提供定理 3.1 中两种情形的具体优化模型。根据式(3.18)，能得到如下稳态时的利润函数。

$$V(G)=\frac{p\phi(q,G)-c(k)q}{(1-\gamma)} \tag{3.21}$$

式中，q 和 G 将满足定理 3.1。

如果最优的订货量来源于一个边界解 $(q=k)$，即定理 3.1 中的情形 1，那么优化问题为

$$\max_{k}\frac{p\phi(k,G)-c(k)k}{(1-\gamma)} \qquad \text{约束条件}\quad (1-\rho)G=u[\phi(G,k)] \tag{3.22}$$

通过求解优化问题式(3.22)能得到最小承诺量 k^*。根据式(3.22)中的约束，利润函数可以表述为 $V=\{pu^{-1}[(1-\rho)G]-c(k)k\}/(1-\gamma)$。当承诺的最小数量 k 上升时，消费者的好感度 G 可能上升，这会导致零售商的收益上升。如果长期收益上升的幅度 $pu^{-1}[(1-\rho)G]/(1-\gamma)$ 不大于长期成本上升的幅度 $c(k)k/(1-\gamma)$，那么零售商的长期利润将会下降。因此，利润 V 可能随着最小承诺量 k 和消费者好感度 G 的上升而下降。

如果最优的订货量来自一个内部解 $(q>k)$，即定理 3.1 中的情形 2，则有

$$\max_{k}\frac{\phi(q,G)-c(k)q}{(1-\gamma)} \qquad \text{约束条件}\begin{cases}(1-\rho)G=u[\phi(G,q)]\\ p\phi'_q(1-\gamma\rho)=c(1-\gamma)\end{cases} \tag{3.23}$$

同样地，通过求解优化问题式(3.23)能得到最优的最小承诺量。

根据上述两个情形下的优化问题，不能直接得到最优的最小承诺量 k^*。这是因为很难确定这两种情形下目标函数的凹凸性。因此，接下来，将提供一个算例来分析利润函数的特征以及求得最优结果。

3.4 算例分析

为了促进本章内容的进一步分析以及寻求更多有意义的结果，基于现实

情况给出了效用函数和批发价格函数的具体形式。根据相关文献,假设效用函数和批发价格函数都是线性的,效用函数为

$$u(\phi)=\phi \tag{3.24}$$

批发价格函数为

$$c(k)=v-wk \tag{3.25}$$

式中,v 为最大批发价格,且 $v>0$;w 为批发价格 c 对最小承诺量 k 的敏感系数,且 $w>0$。

根据线性的效用函数和批发价格函数,能得到定理 3.1 的具体表达式,如推论 3.1 所示。

推论 3.1　根据引理 3.1,稳态的好感度 G^* 和订货量 q^* 必须属于下面两种情形中的一种。

情形 1($q=k$): $q^*=k$ 并且 G^* 满足式(3.26)。

$$\begin{cases}2(1-\rho)G=k+aG-\sqrt{(k-aG)^2+\sigma^2}\\ \dfrac{p(\sqrt{(q-aG)^2+\sigma^2}-q+aG)}{2\sqrt{(q-aG)^2+\sigma^2}(1-\gamma)}<\dfrac{c}{1-\gamma\rho}\end{cases} \tag{3.26}$$

情形 2($q>k$): q^* 和 G^* 满足式(3.27)。

$$\begin{cases}2(1-\rho)G=k+aG-\sqrt{(k-aG)^2+\sigma^2}\\ \dfrac{p(\sqrt{(q-aG)^2+\sigma^2}-q+aG)}{2\sqrt{(q-aG)^2+\sigma^2}(1-\gamma)}=\dfrac{c}{1-\gamma\rho}\end{cases} \tag{3.27}$$

对于第 1 种情形,尽管 $q<k$,零售商必须购买数量为 k 的产品。这样,供应过剩导致的成本要比长期收益大[式(3.26)中的不等式约束]。对于情形 2,因为 $q>k$,零售商能够达到最优订货量。因此,在式(3.27)中第二个隐性约束表达了长期收益与成本之间的平衡。另外,式(3.26)和式(3.27)中的第一个约束条件显示长期中好感度与订货量之间的关系。本节提供一个算例来解释消费者好感度单调地收敛到一个稳态值,如图 3-1 所示。假设参数 $a=0.6$,$\rho=0.3$,$\gamma=0.95$,$\sigma=0.1$,$c=0.3$,$p=0.5$。

接下来,将分别解决上述的两个优化问题(情形 1 和情形 2)来得到最优的最小承诺量。首先,考虑情形 1,它包含该约束 $q=k$。

情形 1: 如果零售商的最优订货量来自一个边界解,那么优化问题为

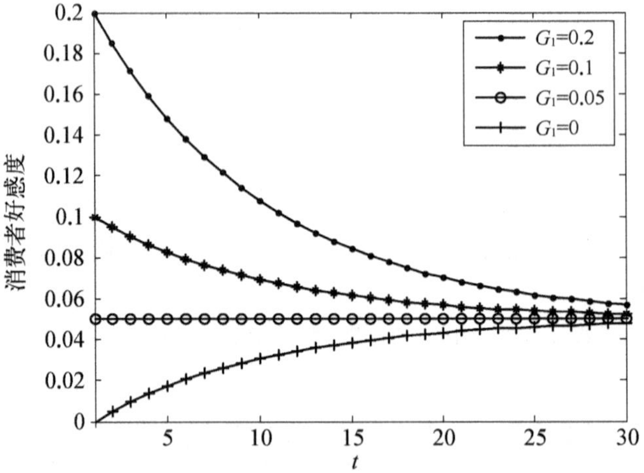

图 3-1　消费者好感度的收敛性

$$\max_{k} \frac{\frac{p}{2}\{k+aG(k)-\sqrt{[k-aG(k)]^2+\sigma^2}\}-(v-wk)k}{(1-\gamma)} \tag{3.28}$$

约束条件　$2(1-\rho)G(k)=[k+aG(k)]-\sqrt{[k-aG(k)]^2+\sigma^2}$

$$\tag{3.29}$$

根据式(3.29)，如果 $a+\rho=1$，那么标准差 $\sigma=0$，这意味着需求是确定的。下面仅考虑 $a+\rho\neq 1$ 的情况。好感度与最小承诺量之间的关系如下所示。

命题 3.2

(1) 如果

$$\begin{cases} a+\rho>1 \\ 0\leqslant k\leqslant 2(1-\rho)G \end{cases} \tag{3.30}$$

或者

$$a+\rho<1 \tag{3.31}$$

其中 G 如式(3.29)所示，消费者对零售商的好感度会随着最小承诺量上升而上升。

(2) 如果

$$\begin{cases} a+\rho>1 \\ k>2(1-\rho)G \end{cases} \tag{3.32}$$

消费者的好感度随着最小承诺量上升而下降。

命题 3.2 的证明　基于方程式(3.27),有

$$4(1-\rho)(a-1+\rho)G^2-4(a-1+\rho)kG+\sigma^2=0$$

基于上式,对 k 求解一阶导数,即

$$8(1-\rho)(a-1+\rho)G\frac{\partial G}{\partial k}-4(a-1+\rho)G-4(a-1+\rho)k\frac{\partial G}{\partial k}=0$$

从上式,得到

$$\frac{\partial G}{\partial k}=\frac{4(a-1+\rho)G}{8(1-\rho)(a-1+\rho)G-4(a-1+\rho)k}$$

由此,我们得到

$$\frac{\partial G}{\partial k}=\frac{4(a-1+\rho)G^2}{4(1-\rho)(a-1+\rho)G^2-\sigma^2}$$

因此,当 $a+\rho\geqslant 1$ 和 $8(1-\rho)(a-1+\rho)G-4(a-1+\rho)k\geqslant 0$,有 $\frac{\partial G}{\partial k}\geqslant 0$。所以,如果 $0\leqslant k\leqslant 2(1-\rho)G$,有 $\frac{\partial G}{\partial k}\geqslant 0$。此外,当 $k>2(1-\rho)G$,得到 $\frac{\partial G}{\partial k}<0$。当 $a+\rho<1$,得到 $\frac{\partial G}{\partial k}>0$。

命题 3.2 中,因为 $q=k$,当最小承诺量 k 上升时,订货量 q 一定同等地上升。$a+\rho$ 在确定好感度 G 和最小承诺量 k 上起着很重要的作用。当 $a+\rho<1$ 时,G 一定随着 k 上升而上升。然而,当 $a+\rho>1$ 时,好感度可能随着最小承诺量上升而下降,这主要依赖于 k 的取值范围。事实上,$2(1-\rho)G$ 在确定 k 和 G 的关系上是一个临界点。因此,零售商不能仅仅通过提高最小承诺量来改善消费者的好感度,因为其他的因素(需求对好感度的敏感程度、消费者记忆能力以及需求的标准差)可能也影响消费者好感度的变化。本节将提供一个算例来解释最小承诺量与稳态好感度之间的关系 $(a+\rho>1)$,如图 3-2 所示。假设参数 $a=0.6$,$\rho=0.5$,$\sigma=0.1$。

让 $c_1=16w(1-\rho)^2(a-1+\rho)^2$,$c_2=-v\sigma^2(a-1+\rho)$,$c_3=3w\sigma^4$,$n=c_1\left[\left(c_1c_2^2+\sqrt{c_1^2c_2^4-c_1^3c_3^3/27}\right)^{1/3}+\left(c_1c_2^2-\sqrt{c_1^2c_2^4-c_1^3c_3^3/27}\right)^{1/3}\right]/2$,且 $0<n\leqslant 1$。通过分析优化问题式(3.26),得到定理 3.2。

定理 3.2　对于情形 1($q=k$),零售商的最优最小承诺量如下所示。

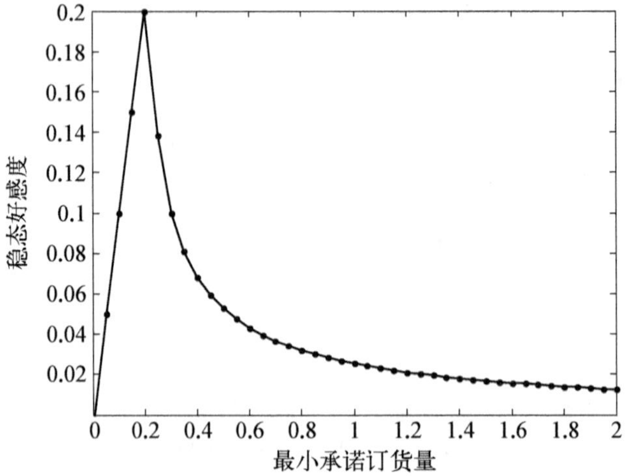

图 3-2 最小承诺订货量对消费者好感度的影响

(1) 如果

$$\begin{cases} a+\rho>1 \\ 4w^2\sigma^2(1-\rho)<v^2(a-1+\rho) \\ \dfrac{1}{c_1}\left(\sqrt{n}-\sqrt{\dfrac{1}{\sqrt{n}}-n}\right)<G<\dfrac{1}{c_1}\left(\sqrt{n}+\sqrt{\dfrac{1}{\sqrt{n}}-n}\right),\text{其中}\left(\dfrac{1}{2}\right)^{\frac{2}{3}}<n\leqslant 1 \\ 0<G<\dfrac{1}{c_1}\left(\sqrt{n}+\sqrt{\dfrac{1}{\sqrt{n}}-n}\right),\text{其中}\ 0<n\leqslant\left(\dfrac{1}{2}\right)^{\frac{2}{3}} \end{cases} \tag{3.33}$$

得到

$$k^*=\frac{\sigma^2}{4(a-1+\rho)G^*}+(1-\rho)G^* \tag{3.34}$$

其中,G^* 如下式所示

$$\left[(1-\rho)-\frac{\sigma^2}{4(a-1+\rho)G^2}\right]\left\{v-2w\left[\frac{\sigma^2}{4(a-1+\rho)G}+(1-\rho)G\right]\right\}=p(1-\rho) \tag{3.35}$$

(2) 如果

$$\begin{cases} a+\rho>1 \\ \dfrac{1}{c_1}\left[\sqrt{n}+\sqrt{\dfrac{1}{\sqrt{n}}-n}\right]\leqslant G\leqslant\dfrac{M}{1-\rho} \\ 4w^2\sigma^2(1-\rho)<v^2(a-1+\rho) \end{cases} \tag{3.36}$$

得到

$$k^{*}=\frac{c_{1}\sigma^{2}}{4(a-1+\rho)\left(\sqrt{n}+\sqrt{\frac{1}{\sqrt{n}}-n}\right)}+\frac{(1-\rho)}{c_{1}}\left(\sqrt{n}+\sqrt{\frac{1}{\sqrt{n}}-n}\right) \tag{3.37}$$

(3) 如果

$$\begin{cases}a+\rho>1\\0<G\leqslant\frac{1}{c_{1}}\left(\sqrt{n}-\sqrt{\frac{1}{\sqrt{n}}-n}\right),\text{其中}\left(\frac{1}{2}\right)^{\frac{2}{3}}<n\leqslant 1\\4w^{2}\sigma^{2}(1-\rho)<v^{2}(a-1+\rho)\end{cases} \tag{3.38}$$

得到

$$k^{*}=\frac{c_{1}\sigma^{2}}{4(a-1+\rho)\left(\sqrt{n}-\sqrt{\frac{1}{\sqrt{n}}-n}\right)}+\frac{(1-\rho)}{c_{1}}\left(\sqrt{n}-\sqrt{\frac{1}{\sqrt{n}}-n}\right) \tag{3.39}$$

(4) 如果

$$a+\rho<1 \tag{3.40}$$

那么有

$$k^{*}=0 \tag{3.41}$$

定理 3.2 的证明　根据替换变量 G，改写优化问题式(3.26)和式(3.27)，即

$$\max_{G} V=\frac{p(1-\rho)G-v\left[\frac{\sigma^{2}}{4(a-1+\rho)G}+(1-\rho)G\right]}{1-\gamma}+\frac{w\left[\frac{\sigma^{2}}{4(a-1+\rho)G}+(1-\rho)G\right]^{2}}{1-\gamma}$$

其中，

$$k=\frac{\sigma^{2}}{4(a-1+\rho)G}+(1-\rho)G$$

因此,得到

$$\frac{\partial V}{\partial G}=\frac{p(1-\rho)-v\left[(1-\rho)-\frac{\sigma^2}{4(a-1+\rho)G^2}\right]}{1-\gamma}+$$
$$\frac{2w\left[\frac{\sigma^2}{4(a-1+\rho)G}+(1-\rho)G\right]\left[(1-\rho)-\frac{\sigma^2}{4(a-1+\rho)G^2}\right]}{1-\gamma}$$

$$\frac{\partial^2 V}{\partial G^2}=\frac{16w(1-\rho)^2(a-1+\rho)^2G^4-4v\sigma^2(a-1+\rho)G+3w\sigma^4}{8(1-\gamma)(a-1+\rho)^2G^4}$$

当 $a+\rho>1$, 得到 G 的值域 $\left(0,\ \frac{M}{1-\rho}\right)$。让

$$F=16w(1-\rho)^2(a-1+\rho)^2G^4-4v\sigma^2(a-1+\rho)G+3w\sigma^4$$

然后

$$\frac{\partial F}{\partial G}=64w(1-\rho)^2(a-1+\rho)^2G^3-4v\sigma^2(a-1+\rho)$$

和

$$\frac{\partial^2 F}{\partial G^2}=192w(1-\rho)^2(a-1+\rho)^2G^2>0$$

因此, F 关于 G 是凹面的,并且存在一个 F 的最小值。当 $4w^2\sigma^2(1-\rho)<v^2(a-1+\rho)$ 时, F 的最小值是小于 0 的。因此,当 $F=0$ 时,有两个解。

接下来,求解方程式

$$F=c_1G^4+4c_2G+c_3=0$$

其中, $c_1=16w(1-\rho)^2(a-1+\rho)^2$, $c_2=-v\sigma^2(a-1+\rho)$, $c_3=3w\sigma^4$。由于

$$L=c_1^2c_2=-\frac{1}{2}v\sigma^2w^2(1-\rho)^4(a-1+\rho)^5<0$$
$$\Delta=c_1^2(c_1c_3^3-27c_2^4)\Rightarrow 4w^2\sigma^2(1-\rho)-v^2(a-1+\rho)<0$$

得到

$$\underline{G}=\frac{1}{c_1}\left(\sqrt{n}-\sqrt{\frac{1}{\sqrt{n}}-n}\right),\ \overline{G}=\frac{1}{c_1}\left(\sqrt{n}+\sqrt{\frac{1}{\sqrt{n}}-n}\right)$$

其中，$n=\frac{c_1}{2}\left[\left(c_1c_2^2+\sqrt{c_1^2c_2^4-\frac{c_1^3c_3^3}{27}}\right)^{\frac{1}{3}}+\left(c_1c_2^2-\sqrt{c_1^2c_2^4-\frac{c_1^3c_3^3}{27}}\right)^{\frac{1}{3}}\right]$。

因为 $n>0$ 和 $1/\sqrt{n}-n\geqslant 0$，得到 $0<n\leqslant 1$。当 $0<n\leqslant (1/2)^{2/3}$ 时，$\underline{G}=\frac{1}{c_1}\left(\sqrt{n}-\sqrt{\frac{1}{\sqrt{n}}-n}\right)\leqslant 0$。当 $\left(\frac{1}{2}\right)^{\frac{2}{3}}<n\leqslant 1$ 时，有 $\underline{G}=\frac{1}{c_1}\left(\sqrt{n}-\sqrt{\frac{1}{\sqrt{n}}-n}\right)>0$。因此，如果 $0<n\leqslant\left(\frac{1}{2}\right)^{\frac{2}{3}}$，有 $0<G<\frac{1}{c_1}\left(\sqrt{n}+\sqrt{\frac{1}{\sqrt{n}}-n}\right)$，从而 $\frac{\partial^2 V}{\partial^2 G}<0$。如果 $\left(\frac{1}{2}\right)^{\frac{2}{3}}<n\leqslant 1$，$\frac{1}{c_1}\left(\sqrt{n}-\sqrt{\frac{1}{\sqrt{n}}-n}\right)<G<\frac{1}{c_1}\left(\sqrt{n}+\sqrt{\frac{1}{\sqrt{n}}-n}\right)$，能得到 $\frac{\partial^2 V}{\partial^2 G}<0$。因此，存在着一个最优解 k^*，即

$$k^*=\frac{\sigma^2}{4(a-1+\rho)G^*}+(1-\rho)G^*$$

其中，G^* 由下面的等式确定

$$\left[(1-\rho)-\frac{\sigma^2}{4(a-1+\rho)G^2}\right]\left\{v-2w\left[\frac{\sigma^2}{4(a-1+\rho)G}+(1-\rho)G\right]\right\}=p(1-\rho)$$

此外，当 $\frac{1}{c_1}\left(\sqrt{n}+\sqrt{\frac{1}{\sqrt{n}}-t}\right)\leqslant G\leqslant\frac{M}{1-\rho}$ 时，得到 $\frac{\partial^2 V}{\partial^2 G}>0$，这使得稳定时的好感度达到下界。因此，$G^*=\frac{1}{c_1}\left(\sqrt{n}+\sqrt{\frac{1}{\sqrt{n}}-n}\right)$。然后得到

$$k^*=\frac{c_1\sigma^2}{4(a-1+\rho)\left(\sqrt{n}+\sqrt{\frac{1}{\sqrt{n}}-n}\right)}+\frac{(1-\rho)}{c_1}\left(\sqrt{n}+\sqrt{\frac{1}{\sqrt{n}}-n}\right)$$

另外，当 $\left(\frac{1}{2}\right)^{\frac{2}{3}}<n\leqslant 1$ 和 $0<G\leqslant\frac{1}{c_1}\left(\sqrt{n}-\sqrt{\frac{1}{\sqrt{n}}-n}\right)$，能得到 $\frac{\partial^2 V}{\partial^2 G}>0$，这使得消费者的好感度达到上界。因此，$G^*=\frac{1}{c_1}\left(\sqrt{n}-\sqrt{\frac{1}{\sqrt{n}}-n}\right)$。然后得到

$$k^{*}=\frac{c_{1}\sigma^{2}}{4(a-1+\rho)\left(\sqrt{n}-\sqrt{\frac{1}{\sqrt{n}}-n}\right)}+\frac{(1-\rho)}{c_{1}}\left(\sqrt{n}-\sqrt{\frac{1}{\sqrt{n}}-n}\right)$$

当 $a+\rho<1$，G 的值域为 $\left[\frac{\sigma}{2\sqrt{(1-\rho)(1-a-\rho)}},\frac{M}{1-\rho}\right]$。因为 $\frac{\partial^{2}V}{\partial^{2}G}>0$，所有最优的好感度达到下界，由此能得到

$$G^{*}=\frac{\sigma}{2\sqrt{(1-\rho)(1-a-\rho)}}$$

因此，最优的最小承诺数量为

$$k^{*}=0$$

最后，对于情形

$$\begin{cases}a+\rho>1\\4w^{2}\sigma^{2}(1-\rho)\geqslant v^{2}(a-1+\rho)\end{cases}$$

得到 $\frac{\partial^{2}V}{\partial^{2}G}>0$。因为 $0<G\leqslant\frac{M}{1-\rho}$，该情形没有最优解。这是因为如果下界 $\frac{M}{1-\rho}$ 是最优解，然后 $k^{*}=\infty$，即是无可行解的。然而，由于比较小的 a 和 ρ，需求不能是非常大的。因此，在该情形下，没有最优解存在。

在定理 3.2 中，最优的最小承诺量将被 a、ρ、G 以及 σ 之间的关系所影响。式(3.33)意味着当 a 和 ρ 较大并且 σ 和 G 较小时，存在着唯一的最小承诺量 k^{*}［式(3.34)］。如果式(3.36)被满足，会得到较大的 k^{*}［式(3.37)］。这是因为 a、ρ 和 G 比较大，它们对需求都有正的影响。如果零售商确定一个较高的最小承诺量，那么他将会是有利可图的。如果式(3.38)中的三个条件被满足，会得到 k^{*}［式(3.39)］，它要比式(3.37)中的值小，这是由于 G 比较低。如果式(3.40)被满足，$k^{*}=0$。因为 a 和 ρ 比较小，那么需求也会比较低，这表明零售商不会承诺最小的订货量。

下面，讨论情形 2，它包括约束 $q>k$。

情形 2：如果最优订货量来自内部解，那么

$$\max_{k}\frac{\frac{p}{2}\left\{q(k)+aG(k)-\sqrt{[q(k)-aG(k)]^{2}+\sigma^{2}}\right\}-(v-wk)q(k)}{1-\gamma}\tag{3.42}$$

$$\text{约束条件}\begin{cases} 2(1-\rho)G(k)=q(k)+aG(k)-\sqrt{[q(k)-aG(k)]^2+\sigma^2} \\ \dfrac{p\{\sqrt{[q(k)-aG(k)]^2+\sigma^2}-q(k)+aG(k)\}}{2\sqrt{[q(k)-aG(k)]^2+\sigma^2}(1-\gamma)}=\dfrac{v-wk}{1-\gamma\rho} \end{cases} \tag{3.43}$$

同样地,仅仅考虑 $a+\rho\neq 1$ 的情况,即意味着 $\sigma\neq 0$。根据式(3.43)中的两个约束,消费者好感度与最小承诺量之间的关系如下所示。

命题 3.3

(1) 如果

$$\begin{cases} q>aG \\ a+\rho<1 \end{cases} \tag{3.44}$$

或者

$$\begin{cases} q<aG \\ a+\rho>1 \end{cases} \tag{3.45}$$

消费者对零售商的好感度将随着最小承诺量上升而上升。

(2) 如果

$$\begin{cases} q>aG \\ a+\rho>1 \end{cases} \tag{3.46}$$

或者

$$\begin{cases} q<aG \\ a+\rho<1 \end{cases} \tag{3.47}$$

消费者对零售商的好感度随着最小承诺量上升而下降。另外,当 $q=aG$ 时,最小承诺量对消费者的好感度没有影响。

命题 3.3 的证明　通过改写方程式(3.40)和式(3.41),

$$\max_k \frac{p(1-\rho)G(k)-(v-wk)q(k)}{1-\gamma}$$

$$\text{约束条件}\begin{cases} q(k)=\dfrac{\sigma_2}{4(a-1+\rho)G(k)}+(1-\rho)G(k) \\ [q(k)-aG(k)]^2=\dfrac{\sigma^2[p(1-\rho\gamma)-2(v-wk)(1-\gamma)]^2}{4(v-wk)(1-\gamma)[p(1-\rho\gamma)-(v-wk)(1-\gamma)]} \end{cases}$$

根据替代变量 $x=\dfrac{p(1-\rho\gamma)}{(v-wk)(1-\gamma)}-1$ 以及 x 的值域 $\left[\dfrac{p(1-\rho\gamma)}{v(1-\gamma)}-1,\ \infty\right]$,

能得到

$$\max_{x} \frac{p(1-\rho)G(x)-\dfrac{p(1-\rho\gamma)}{(1-a\gamma-\rho\gamma)x+1-\rho\gamma}q(x)}{(1-\gamma)}$$

$$\text{约束条件}\begin{cases}\pm\dfrac{\sigma}{2}\sqrt{x+\dfrac{1}{x}-2}=aG(x)-q(x)\\ q(x)=\dfrac{\sigma^2}{4(a-1+\rho)G(x)}+(1-\rho)G(x)\end{cases}$$

对于约束,得到下面的几个情形。

当 $q(x)>aG(x)$ 时,得到 $q(x)=aG(x)+\dfrac{\sigma}{2}\sqrt{x+\dfrac{1}{x}-2}$。当 $a+\rho>1$ 时,得到 $G=\dfrac{\sigma\left(\sqrt{x+\dfrac{1}{x}-2}-\sqrt{x+\dfrac{1}{x}+2}\right)}{4(1-\rho-a)}=\dfrac{-\sigma}{2(1-\rho-a)\sqrt{x}}$,此时发现一阶导数 $\dfrac{\partial G}{\partial x}=\dfrac{\sigma}{4(1-\rho-a)x^{\frac{3}{2}}}<0$。因为 $\dfrac{\partial x}{\partial k}>0$,得到 $\dfrac{\partial G}{\partial k}>0$。当 $a+\rho<1$ 时,得到 $G=\dfrac{\sigma\sqrt{x}}{2(1-\rho-a)}$。因此,$\dfrac{\partial G}{\partial x}=\dfrac{\sigma}{4(1-\rho-a)\sqrt{x}}>0$,然后 $\dfrac{\partial G}{\partial k}>0$。

当 $q(x)<aG(x)$ 时,$q(x)=aG(x)-\dfrac{\sigma}{2}\sqrt{x+\dfrac{1}{x}-2}$。当 $a+\rho>1$ 时,$G=\dfrac{-\sigma\sqrt{x}}{2(1-\rho-a)}$。因此,$\dfrac{\partial G}{\partial x}=\dfrac{-\sigma}{4(1-\rho-a)\sqrt{x}}>0$,然后 $\dfrac{\partial G}{\partial k}>0$。当 $a+\rho<1$ 时,得到 $G=\dfrac{\sigma}{2(1-\rho-a)\sqrt{x}}$。因此,$\dfrac{\partial G}{\partial x}=\dfrac{-\sigma}{4(1-\rho-a)x^{\frac{3}{2}}}$,然后 $\dfrac{\partial G}{\partial k}<0$。

此外,当 $q=aG$ 时,得到 $G=\dfrac{\sigma}{2\mid a-1+\rho\mid}$,这是一个常数。因此,在 G 和 k 之间没有关系。

在命题 3.3 中,由于 $q>k$,当最小承诺量 k 上升时,订货量 q 可能也上升。一方面，订货量 q 与期望需求 aG 之间的关系对 k 在好感度 G 的影响上有很大的作用；另一方面，零售商需要比较 $a+\rho$ 与 1 之间的大小。比如，当 $q > aG$，如果 $a+\rho<1$，G 将随着 k 上升而上升；如果 $a+\rho>1$，G 将随着 k 上升而下降。因此，为了改善消费者的好感度，零售商也应当考虑其他的因素（期望需求、消费者记忆能力以及需求对好感度的敏感程度）。零售商仅仅通过提高最小承诺量来改善消费者的好感度不是一个有效的途径。本节将提供两个算例来解释最小承诺量与稳态好感度之间的关系。图 3-3 显示，当 $q<aG$ 和 $a+\rho>1$ 时，稳态的好感度关于最小承诺量的变化情况。假设相关的参数满足 $a=0.6$，$\rho=0.5$，$\gamma=0.95$，$\sigma=0.1$，$p=0.5$，$v=0.4$，$w=0.01$。

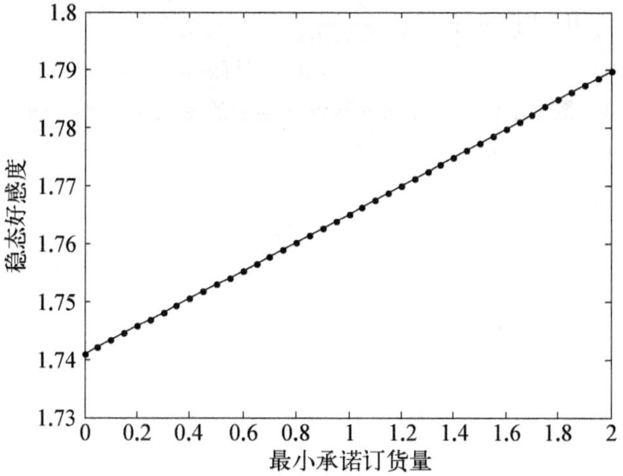

图 3-3　最小承诺订货量对消费者好感度的影响（$q<aG$ 和 $a+\rho>1$）

图 3-4 显示，当 $q<aG$ 和 $a+\rho<1$ 时，最小承诺量对消费者好感度的影响。参数 $a=0.6$，$\rho=0.3$ $\gamma=0.95$，$\sigma=0.1$，$p=0.5$，$v=0.4$，$w=0.01$。

通过求解优化问题式(3.42)和式(3.43)，能得到如下定理。

定理 3.3　对于情形 2($q>k$)，零售商的最优最小承诺量如下所示。

(1) 如果

$$\begin{cases} q > aG \\ a+\rho > 1 \\ (1-\rho)(1-a\gamma-\rho\gamma) < (1-\rho\gamma)(\rho+a-1) \end{cases} \tag{3.48}$$

得到

$$k^{*}=\frac{v}{w}-\frac{p(1-\rho\gamma)(1-a\gamma-\rho\gamma)}{(2-a\gamma-2\rho\gamma)(1-\gamma)w} \tag{3.49}$$

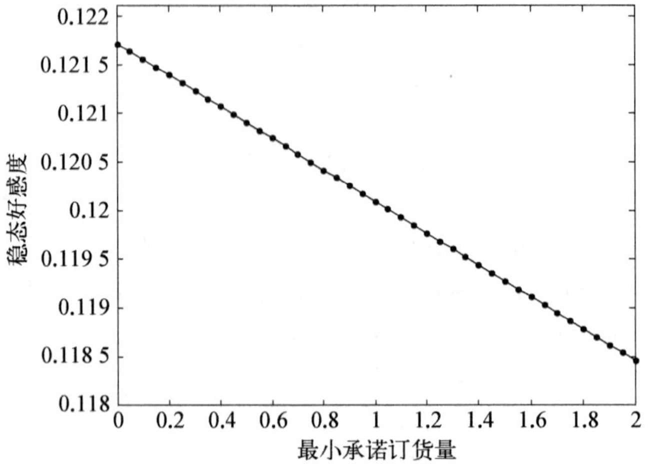

图 3-4　最小承诺订货量对消费者好感度的影响($q<aG$ 和 $a+\rho<1$)

(2) 如果

$$\begin{cases} q < aG \\ a+\rho > 1 \end{cases} \tag{3.50}$$

得到

$$k^* = \frac{v}{w} \tag{3.51}$$

(3) 如果

$$\begin{cases} q > aG \\ a+\rho > 1 \\ (1-\rho)(1-a\gamma-\rho\gamma) \geqslant (1-\rho\gamma)(\rho+a-1) \end{cases} \tag{3.52}$$

或者

$$\begin{cases} q > aG \\ a+\rho < 1 \end{cases} \tag{3.53}$$

或者

$$\begin{cases} q < aG \\ a+\rho < 1 \end{cases} \tag{3.54}$$

得到 $k^*=0$。另外,当 $q=aG$, $k^*=\frac{v}{w}-\frac{p(1-\rho\gamma)}{2w(1-\gamma)}$。

定理 3.3 的证明　通过改变决策变量，改写优化问题式(3.40)和式(3.41)，如下所示

$$\max_{x} \frac{-p\sigma}{2(1-\gamma)(1-\rho-a)\sqrt{x}}\left\{(1-\rho)+\frac{(1-\rho\gamma)[(1-\rho-a)x-(1-\rho)]}{(1-a\gamma-\rho\gamma)x+1-\rho\gamma}\right\}$$

其中，

$$x=\frac{p(1-\rho\gamma)}{(v-wk)(1-\gamma)}-1$$

$$\frac{p(1-\rho\gamma)}{v(1-\gamma)}-1\leqslant x$$

当 $q(x)>aG(x)$ 和 $a+\rho>1$ 时，得到

$$\max_{x} \frac{-p\sigma}{2(1-\gamma)(1-\rho-a)\sqrt{x}}\left\{(1-\rho)+\frac{(1-\rho\gamma)[(1-\rho-a)x-(1-\rho)]}{(1-a\gamma-\rho\gamma)x+1-\rho\gamma}\right\}$$

为了简化上式，得到

$$\max_{x} V=\frac{s_1}{\sqrt{x}}\left[s_2+\frac{s_3(s_4x-s_2)}{s_5x+s_3}\right]$$

其中，

$$s_1=\frac{-p\sigma}{2(1-\gamma)(1-\rho-a)}>0,\ s_2=1-\rho>0,$$

$$s_3=1-\rho\gamma>0,\ s_4=1-\rho-a<0,\ s_5=1-a\gamma-\rho\gamma>0$$

然后

$$\frac{\partial V}{\partial x}=\frac{s_1(s_2s_5+s_3s_4)(s_3-s_5x)}{2\sqrt{x}(s_3+s_5x)^2}$$

$$\frac{\partial^2 V}{\partial x^2}=\frac{s_1(s_2s_5+s_3s_4)(3s_5^2x^2-s_3^3-6s_3s_5x)}{4x\sqrt{x}(s_3+s_5x)^2}$$

其中，$3s_5^2x^2-s_3^2-6s_3s_5x=\frac{(1-\rho\gamma)^2}{c^2}(3p^2+8c^2-12pc)>0$。当 $3s_5^2x^2-s_3^2-6s_3s_5x=\frac{(1-\rho\gamma)^2}{c^2}(3p^2+8c^2-12pc)>0$ 时，$\frac{\partial^2 V}{\partial^2 x}<0$，得到唯一的最优解，即 $x^*=\frac{1-\rho\gamma}{1-a\gamma-\rho\gamma}$，因此，$k^*=\frac{v}{w}-\frac{p(1-\rho\gamma)(1-a\gamma-\rho\gamma)}{(2-a\gamma-2\rho\gamma)(1-\gamma)w}$。当 (1−

$\rho)(1-a\gamma-\rho\gamma)\geqslant(1-\rho\gamma)(\rho+a-1)$ 时，$\dfrac{\partial^2 V}{\partial^2 x}>0$。所以能够证明在下界存在一个最优解 x^*，并且 $x^*=\dfrac{p(1-\rho\gamma)}{v(1-\gamma)}-1$。因此，$k^*=0$。

当 $q(x)>aG(x)$ 和 $a+\rho<1$ 时，得到

$$\max_x \frac{\sigma p}{2(1-\gamma)(1-\rho-a)\sqrt{x}}\left\{(1-\rho)x+\frac{(1-\rho\gamma)[1-\rho-a-(1-\rho)x]}{(1-a\gamma-\rho\gamma)x+1-\rho\gamma}\right\}$$

类似地，

$$\max_x V=\frac{-s_1}{\sqrt{x}}\left[s_2x+\frac{s_3(s_4-s_2x)}{s_5x+s_3}\right]$$

其中，$s_1<0$，$s_2>0$，$s_3>0$，$s_4>0$，$s_5>0$。进而，

$$\frac{\partial V}{\partial x}=\frac{s_1(s_2s_5x^2(3s_3+s_5x)-s_3s_4(s_3+3s_5x))}{-2x\sqrt{x}(s_3+s_5x)^2}$$

$$\frac{\partial^2 V}{\partial x^2}=\frac{s_1(-s_2s_5^3x^4-6s_2s_3s_5^2x^3+3s_3s_5(5s_4s_5+s_2s_3)x^2+10s_3^2s_4s_5x+3s_3^3s_4)}{-4x^2\sqrt{x}(s_3+s_5x)^3}$$

让 $F=-s_2s_5^3x^4-6s_2s_3s_5^2x^3+3s_3s_5(5s_4s_5+s_2s_3)x^2+10s_3^2s_4s_5x+3s_3^3s_4$，得到

$$\frac{\partial F}{\partial x}=-4s_2s_5^3x^3-18s_2s_3s_5^2x^2+6s_3s_5(5s_4s_5+s_2s_3)x+10s_3^2s_4s_5$$

$$\frac{\partial^2 F}{\partial x^2}=-12s_2s_5^3x^2-36s_2s_3s_5^2x+6s_3s_5(5s_4s_5+s_2s_3)$$

因为 $\dfrac{\partial^3 F}{\partial x^3}=-24s_2s_5^3x-36s_2s_3s_5^2=0$，得到 $x=\dfrac{-3s_3}{2s_5}$。所以 $\left.\dfrac{\partial^2 F}{\partial^2 x}\right|_{x=\frac{-3s_3}{2s_5}}=33s_2s_3^2s_5+30s_3s_4s_5^2>0$。因为 $\dfrac{\partial^4 F}{\partial x^4}=-24s_2s_5^3<0$，当 $\dfrac{\partial^2 F}{\partial^2 x}=0$ 时，有两个解，即 $x_1=\dfrac{3s_2s_3+\sqrt{s_2s_3(11s_2s_3+10s_4s_5)}}{-2s_2s_5}<0$ 和 $x_2=\dfrac{3s_2s_3-\sqrt{s_2s_3(11s_2s_3+10s_4s_5)}}{-2s_2s_5}>0$。因为当 $\dfrac{\partial F}{\partial x}=0$ 时，没有解存在，所以当

$\frac{\partial V}{\partial x}=0$ 时，也没有解存在。因此，V 是一个单调下降的函数。最优解 x^* 将在下界被得到，并且 $x^*=\frac{p(1-\rho\gamma)}{v(1-\gamma)}-1$。因此，$k^*=0$。

当 $q(x)<aG(x)$ 和 $a+\rho>1$ 时，得到

$$\max_x \frac{-p\sigma}{2(1-\gamma)(1-\rho-a)\sqrt{x}}\left\{(1-\rho)x+\frac{(1-\rho\gamma)[1-\rho-a-(1-\rho)x]}{(1-a\gamma-\rho\gamma)x+1-\rho\gamma}\right\}$$

相似地，

$$\max_x V=\frac{s_1}{\sqrt{x}}\left[s_2 x+\frac{s_3(s_4-s_2 x)}{s_5 x+s_3}\right]$$

其中，$s_1>0$，$s_2>0$，$s_3>0$，$s_4<0$，$s_5>0$。进而得到 $\frac{\partial V}{\partial x}=\frac{s_1[s_2 s_5 x^2(3s_3+s_5 x)-s_3 s_4(s_3+3s_5 x)]}{2x\sqrt{x}(s_3+s_5 x)^2}>0$，这意味着在上界存在一个最优解 x^*，并且 $x^*=\infty$，所以有 $k^*=\frac{v}{w}-\frac{p(1-\rho\gamma)}{w(1-\gamma)(\infty+1)}\approx\frac{v}{w}$。

当 $q(x)<aG(x)$ 和 $a+\rho<1$ 时，得到

$$\max_x \frac{p\sigma}{2(1-\gamma)(1-\rho-a)\sqrt{x}}\left\{1-\rho+\frac{(1-\rho\gamma)[(1-\rho-a)x-(1-\rho)]}{(1-a\gamma-\rho\gamma)x+1-\rho\gamma}\right\}$$

类似地，

$$\max_x V=-\frac{s_1}{\sqrt{x}}\left[s_2+\frac{s_3(s_4 x-s_2)}{s_5 x+s_3}\right]$$

其中，$s_1<0$，$s_2>0$，$s_3>0$，$s_4>0$，$s_5>0$。另外，

$$\frac{\partial V}{\partial x}=\frac{s_1(s_2 s_5+s_3 s_4)(s_3-s_5 x)}{-2\sqrt{x}(s_3+s_5 x)^2}$$

$$\frac{\partial^2 V}{\partial x^2}=\frac{s_1(s_2 s_5+s_3 s_4)(3s_5^2 x^2-s_3^2-6s_3 s_5 x)}{-4x\sqrt{x}(s_3+s_5 x)^3}>0$$

因此，在下界存在一个最优解 x^*，并且 $x^*=\frac{p(1-\rho\gamma)}{v(1-\gamma)}-1$，然后最优的最小承诺量为 $k^*=0$。

此外，基于 $\pm\frac{\sigma}{2}\sqrt{x+\frac{1}{x}-2}=aG(x)-q(x)$，当 $q=aG$ 时，$x^*=1$。因此，$k^*=\frac{v}{w}-\frac{p(1-\rho\gamma)}{2(1-\gamma)w}$。

根据定理 3.3，笔者发现，最优的最小承诺量被 q 与 aG 之间的关系以及 $a+\rho$ 的值所影响。式(3.48)意味着当 $q>aG$ 并且 ρ 较大时，存在着最优的最小承诺量 k^* [式(3.49)]。式(3.50)显示当 a、ρ 和 G 比较大时，市场需求将比较高，那么一个较高的最小承诺量被得到，即 $k^*=v/w$。另外，如果式(3.52)、式(3.53)和式(3.54)中任何一个被满足，会得到 $k^*=0$，这意味着零售商不应当同意一个最小订货量承诺。这是因为当 a、ρ 或者 G 比较小时，需求将比较低。此外，当 $q=aG$ 时，最小承诺量将是一个常数，这是由固定的期望需求导致的。

3.5 本章小结

在本章研究中，考虑消费者对零售商的服务是敏感的，他们通常会根据过去零售商提供的服务质量对其形成一个好感度水平。本章假设市场需求是不确定的并且依赖于消费者的好感度。一般而言，一个高的最小承诺量会提高消费者的好感度，但可能也会由于供应过剩而增大成本。本章内容主要集中研究零售商的订货决策问题，即如何在整个计划期开始时确定一个最小承诺量以及在每一期初确定实际的订货量。在考虑消费者好感度的情况下建立一个随机的动态规划模型，从而最大化零售商的长期期望利润。由于仅知道需求分布的部分信息，本章使用鲁棒优化的方法来解决该问题。

通过对模型的求解和相关分析，能够得到一些好的结论和管理建议。第一，消费者好感度将随着时间的推移单调地收敛到一个不变的稳定值。为了获得更高的利润，零售商需要充分利用消费者好感度的一些性质(比如稳定性和单调性)。零售商并非必须通过提高最小承诺量来改善消费者的好感度。第二，稳态的好感度可能会随着最小承诺量上升而下降。这样，为了提高消费者的好感度水平，零售商不能仅仅依靠最小承诺量的提高，这是因为一些其他因素(比如需求对好感度的敏感性以及消费者的记忆能力)可能也起着重要的作用。

第4章 基于消费者谨慎购买行为的最优订货研究

在本章中，考虑消费者在网上购物时由于对产品估值和供应水平的不确定性而表现出的谨慎购买行为。通常情况下，消费者购买产品前对产品的初始估值与购买后的实际估值之间存在偏差。产品的估值偏差会导致消费者进行退货，从而影响零售商的利润水平。由于缺货现象频繁发生，消费者在购物时会表现出谨慎的行为。因此，消费者在购买产品前通常会对产品的估值偏差以及零售商的供货水平进行评估。对于零售商而言，为了寻求最优的订货策略以及利润的最大化，他需要考虑消费者的谨慎购买行为。

4.1 背景介绍

随着电子商务的发展和普及，网上购物变得越来越流行。通过网上搜索和查找，消费者可以快速地买到需要的产品。据中国产业信息网显示，2015 年我国网络购物市场交易金额已达到 3.8 万亿元，较 2014 年增长 36.2%，并且仍然保持稳定的增长水平。近年来，网上购物平台不断增多，例如淘宝、京东、亚马逊等。这些平台为消费者提供了各种各样的产品，消费者能够不出门就可以买到任何他们想要的产品。与此同时，提供网上购物平台的商家会做各种各样的促销活动，例如"双十一"活动。在"双十一"活动期间，产品的促销力度非常大，很多消费者都会把想要购买的产品保留到"双十一"当天进行交易。由于人们的生活节奏不断加快，实体店购物的模式已经不能完全满足消费者的购买需求。为了满足消费者的网上购物需求，很多商家在多个平台上同时开设自己的线上店铺。因此，线上和线下相结合的销售方式已变得越来越普遍，并且线上销售的模式正受到商家越来越多的重视。

当消费者在网上购物时，会发生一种常见的现象，即消费者购买产品前感知的初始估值与购买产品后感知的实际估值之间可能会有偏差。这种现象会导致消费者在网上购物时越来越谨慎。所以,消费者在购买产品时,他们通常会对产品的估值偏差进行评估,所产生的估值偏差也是促使消费者产生退货行为的主要原因,进而影响商家的相关决策和利润水平。在网上购物中,缺货现象也普遍存在,这使得消费者在购买产品时表现出谨慎的行为。谨慎的消费者在购物时会考虑零售商的产品供应水平。消费者会根据一些公众的信息以及自己以前的购买经历对零售商的产品供应水平进行评估。一般而言,当有较多备选产品时,消费者在购买产品时如果遇到缺货,他们就转向其他零售商去购买自己想要的产品,而不是选择等待。当这种情况发生时,零售商会遭受销售量的损失。因此,消费者对产品供应水平的评估将影响零售商的订货决策。通常情况下,如果零售商具有较高的订货量,那么消费者对产品供应水平的评估也较高。

4.2 问题与模型

在本节中,考虑消费者对零售商的产品供应水平的感知是外生的情形。本节首先描述了研究的问题,即基于消费者具有谨慎购买行为来研究零售商的最优订货决策。然后,根据研究问题建立了零售商与消费者之间的博弈模型,并进行了相关的博弈分析,同时也对不同行为表现的消费者进行了比较。

4.2.1 问题描述

在本章中,基于消费者具有谨慎购买行为来研究零售商的最优订货决策问题。消费者会根据网上购物时对产品的估值偏差以及零售商的供货水平进行评估所产生的效用水平来决定是否购买产品。同时,零售商需要决定订货数量以使自身利润达到最大。

在本章研究中,仅考虑一个零售商,并且他面临一群谨慎购买行为的消费者。消费者在网上购买产品之前,他们各自会根据相关产品信息和描述对零售商的产品形成一个初始估值。考虑到个人的消费状态和偏好等原因,每个消费者的初始估值会有所差别。当消费者购买并收到产品时,他们能够亲自体验产品,从而获得对产品的实际估值。一般而言,实际估值与初始估值之间会存在差异,即估值偏差。由于消费者对产品的估值会出现偏差,这可能会导致他们退货行为的发生。如果消费者选择退货,他们就会遭受一定的损失(时间成本、邮递费等)。同时,消费者的退货行为会直接影响零售商的利益。此外,也考虑零售商的供货水平可能满足不了消费者的需求,所以缺货现象时常发生。当缺货发生时,消费者会遭受一定的损失(比如搜索成本)。由于消费者具有谨慎购买的行为，他们在购买产品之前会评估产品的估值偏差以及零售商的产品供应水平，所以零售商需要考虑消费者的这些行为来做出最优的订货决策，从而使其利润最大化。

4.2.2　博弈模型

在 4.2.1 节中，我们描述了所需要研究的订货决策问题，本小节将通过分析消费者的购买行为及零售商的订货决策来建立双方之间的博弈模型，并且得出最优的订货量。

假设消费者数量为 X，它是一个随机变量并且其分布函数为 $F(\cdot)$，密度函数为 $f(\cdot)$。由于不同的消费者在购买产品前可能会产生不同的初始估值，假设所有消费者的初始估值会形成一个连续区间。让 v_1 表示消费者购买产品之前的初始估值，$G_1(\cdot)$ 表示初始估值的分布，对应的密度函数为 $g_1(\cdot)$，即 $G_1'(\cdot)=g_1(\cdot)$。另外，让 e 表示消费者在遇到缺货时所遭受的损失，p 表示产品的零售价格。那么，当消费者的初始估值属于区间 $[p,\infty)$ 时，他们就会购买产品，并且相应的需求量为 $\int_p^{\infty} g_1(v_1)dv_1=\overline{G}_1(p)$。

v_2 表示消费者收到产品之后所感知的实际估值。a 表示初始估值与实际估值之间的偏差。假设估值偏差 a 对于每个消费者都是相同的，这是因为估值偏差的存在是由外部因素(比如不完全信息)导致的。因此，对任意 y，得到 $\overline{G}_1(y)=\overline{G}_2(y-a)$，其中，$G_2(\cdot)$ 表示消费者购买后对产品实际估值的分布函数，并且 $g_2(\cdot)$ 是其密度函数，即 $G'(\cdot)=g(\cdot)$。

h 表示消费者选择退货时所遭受的损失。因此，当消费者选择退货时，他们可以获得 $p-h$。如果消费者的真实估值小于 $p-h$，消费者会选择退货。这里 $h=h_1+h_2$ 表示消费者退货成本由两个部分组成：h_1 表示消费者的额外时间成本和运输成本；h_2 表示由于消费者退货额外付给零售商的补偿，并且 $0\leqslant h_2\leqslant p$。当 $h_2=0$ 时，如果消费者选择退货，零售商将仅仅获得退货款 p。此时，零售商为消费者提供全额退款。当 $h_2=p$ 时，零售商将不退款给消费者。对于零售商来说，被退货的或卖不掉的产品残值为 s，并且 $s<c$。

$\hat{A}$ 表示谨慎购买行为的消费者对产品估值偏差 a 的评估。考虑 $\hat{A}$ 不受消费者初始估值的影响，并且在区间 $[\underline{a},\overline{a}]$ 上服从分布函数 $H(\hat{a})$。让 $\hat{\theta}$ 表示消费者对产品供应水平的评估。注意：$\hat{\theta}$ 可能不等于零售商真实的产品供应水平，它是外生的并且是根据公共的信息所意识到的。在本章的第二部分讨论 $\hat{\theta}$ 是内生的情形。

根据上述相关描述，当初始估值为 v_1 时，消费者的期望效用为

$$U(v_1)=\hat{\theta}\cdot[\int_{\underline{a}}^{v_1-p+h}(v_1-a-p)\mathrm{d}H(\hat{a})-h\int_{v_1-p+h}^{\overline{a}}\mathrm{d}H(\hat{a})]-(1-\hat{\theta})\cdot e \tag{4.1}$$

在式(4.1)中,第一项 $\hat{\theta}\cdot[\int_{\underline{a}}^{v_1-p+h}(v_1-a-p)\mathrm{d}H(\hat{a})-h\int_{v_1-p+h}^{\overline{a}}\mathrm{d}H(\hat{a})]$ 表示当消费者成功地购买产品时所获得的期望效用,它包括两个部分：第一部分 $\int_{\underline{a}}^{v_1-p+h}(v_1-a-p)\mathrm{d}H(\hat{a})$ 表示消费者购买产品后不选择退货时所获得的期望效用;第二部分 $h\int_{v_1-p+h}^{\overline{a}}\mathrm{d}H(\hat{a})$ 表示消费者退还产品所产生的期望损失。第二项 $(1-\hat{\theta})\cdot e$ 显示消费者由于缺货不能买到产品的期望损失。根据式(4.1),当消费者的期望效用非负时,即 $U(v_1)\geqslant 0$, 意味着消费者会选择购买该产品。当消费者的期望效用小于零时,他们不会选择购买产品。命题 4.1 显示了当 $U(v_1)\geqslant 0$ 时的相应条件和市场需求,如下所示。

命题 4.1 当零售价格为 p 时,消费者的期望剩余 $U(v_1)\geqslant 0$ 当且仅当

$$v_1\geqslant p+I^{-1}\left[\frac{(1-\hat{\theta})e}{\hat{\theta}}+h\right]-h \tag{4.2}$$

式中, $I(x)=\int_{\underline{a}}^{x}H(\hat{a})\mathrm{d}\hat{a}$。此时,市场需求为

$$D=X\cdot\overline{G}_2\left\{p+I^{-1}\left[\frac{(1-\hat{\theta})e}{\hat{\theta}}+h\right]-h-a\right\} \tag{4.3}$$

命题 4.1 的证明 经过一些数学运算后,首先得到

$$\begin{aligned}
&\int_{\underline{a}}^{v_1-p+h}(v_1-a-p)\mathrm{d}H(\hat{a})-h\int_{v_1-p+h}^{\overline{a}}\mathrm{d}H(\hat{a})\\
&=\int_{\underline{a}}^{v_1-p+h}(v_1-\hat{a}-p+h)\mathrm{d}H(\hat{a})-h\\
&=(v_1-p+h)\cdot\int_{\underline{a}}^{v_1-p+h}\mathrm{d}H(\hat{a})-\int_{\underline{a}}^{v_1-p+h}\hat{a}\mathrm{d}H(\hat{a})-h\\
&=(v_1-p+h)\cdot H(v_1-p+h)-[(v_1-p+h)\cdot\\
&\quad H(v_1-p+h)-\int_{\underline{a}}^{v_1-p+h}H(\hat{a})\mathrm{d}\hat{a}]-h\\
&=\int_{\underline{a}}^{v_1-p+h}H(\hat{a})\mathrm{d}\hat{a}-h
\end{aligned}$$

把上式放入方程式(4.1),得到

$$U(v_1)=\hat{\theta}\cdot(\int_{\underline{a}}^{v_1-p+h}h(\hat{a})\mathrm{d}\hat{a}-h)-(1-\hat{\theta})\cdot e$$

进而得到

$$\frac{\partial[U(v_1)]}{\partial v_1}=\hat{\theta}\cdot H(v_1-p+h)\geqslant 0$$

这意味着一个消费者的期望剩余函数关于初始估值 v_1 是单调递增的。此外,当 $U(v_1)=0$ 时,

$$\int_{\underline{a}}^{v_1-p+h}H(\hat{a})\mathrm{d}\hat{a}=I(v_1-p+h)=\frac{(1-\hat{\theta})\cdot e}{\hat{\theta}}+h$$

然后,得到 $v_1-p+h=I^{-1}\left[\frac{(1-\hat{\theta})\cdot e}{\hat{\theta}}+h\right]$。因此,$v_1=p+I^{-1}\left[\frac{(1-\hat{\theta})e}{\hat{\theta}}+h\right]-h$。这样,消费者将选择购买产品当且仅当 $v_1\geqslant p+I^{-1}\left[\frac{(1-\hat{\theta})e}{\hat{\theta}}+h\right]-h$。由此,得到市场需求

$$\begin{aligned}D&=X\cdot\int_{p+I^{-1}\left[\frac{(1-\hat{\theta})e}{\hat{\theta}}+h\right]-h}^{\infty}g_1(v_1)\mathrm{d}v_1=X\cdot\bar{G}_1\left\{p+I^{-1}\left[\frac{(1-\hat{\theta})e}{\hat{\theta}}+h\right]-h\right\}\\&=X\cdot\bar{G}_2\left\{p+I^{-1}\left[\frac{(1-\hat{\theta})e}{\hat{\theta}}+h\right]-h-a\right\}\end{aligned}$$

式(4.2)表明 $p+I^{-1}[(1-\hat{\theta})e/\hat{\theta}+h]-h$ 同时受到价格、估值偏差评估的分布函数、产品供应水平的评估、搜索成本以及退货成本的影响。当消费者的初始估值不小于 $p+I^{-1}[(1-\hat{\theta})e/\hat{\theta}+h]-h$ 时,他们将选择购买产品。如果初始估值等于 $p+I^{-1}[(1-\hat{\theta})e/\hat{\theta}+h]-h$,期望剩余为0。当消费者的初始估值超过该临界点时,他们能够获得正的期望剩余。另外,根据式(4.3),除了该临界点外,市场需求也和实际估值的分布、估值偏差以及消费者数量相关。因此,零售商需要同时考虑这些因素来提高需求量。

消费者购买产品后选择退货和不退货时的数量分析具体如下所示。

(1) 购买后退货的条件为 $v_1\geqslant p+I^{-1}\left[\frac{(1-\hat{\theta})e}{\hat{\theta}}+h\right]-h$ 和 $v_2=v_1-a<p-h$。通过使用估值的分布函数,该部分消费者的数量为

$$X \cdot \max\left\{G_1(p-h+a)-G_1\left[p+I^{-1}\left[\frac{(1-\hat{\theta})e}{\hat{\theta}}+h\right]-h\right],\ 0\right\} \quad (4.4)$$

此时,零售商将从每个被退还的产品中获得 h_2+s。

(2) 购买后不退货的条件为 $v_1 \geqslant p+I^{-1}\left[\frac{(1-\hat{\theta})e}{\hat{\theta}}+h\right]-h$ 和 $v_2=v_1-a \geqslant p-h$。因此,该部分消费者的数量为

$$X \cdot \overline{G}_1\left[\max\left\{p+I^{-1}\left[\frac{(1-\hat{\theta})e}{\hat{\theta}}+h\right]-h,\ p-h+a\right\}\right] \quad (4.5)$$

此时,零售商将从不退还的产品中获得 p。

分析了消费者谨慎购买的行为之后,零售商与消费者之间关系如下所示。

(1) 零售商基于消费者谨慎购买的行为做出订货决策,并且让 q 表示零售商的订货量。

(2) 消费者根据他们的期望剩余决定是否进行购买,同时相应的需求量为 D。

(3) 消费者收到产品后由于估值偏差的存在可能会发生退货行为。

(4) 零售商处理剩余的产品(包括退还的和没卖掉的产品),并且得到单位残值为 s。

在该博弈中,零售商是领导者,而消费者是跟随者。由此,本小节得到零售商的期望利润,即

$$\Pi(q)=[(p-s)+(s-p+h_2)\cdot R]\cdot E\min[D,\ q]-(c-s)\cdot q \quad (4.6)$$

其中,

$$R=\frac{\max\left\{G_2(p-h)-G_2\left[p+I^{-1}\left[\frac{(1-\hat{\theta})e}{\hat{\theta}}+h\right]-h-a\right],\ 0\right\}}{\overline{G}_2\left[p+I^{-1}\left[\frac{(1-\hat{\theta})e}{\hat{\theta}}+h\right]-h-a\right]} \quad (4.7)$$

代表消费者的退货率。

4.3 模型求解与分析

在 4.2 节中,基于消费者的谨慎购买行为建立了零售商的利润函数。在本

节中,将对零售商的优化模型进行求解并进行相应的分析。根据式(4.6)和式(4.7)可知,零售商的期望利润 Π 关于变量 q 是一个凹函数。因此,一定存在唯一的最优订货量 q^*,具体如下所示。

命题 4.2　当市场上的消费者表现出谨慎的购买行为时,零售商的最优订货量为

$$q^* = \overline{G}_2\left\{p + I^{-1}\left[\frac{(1-\hat{\theta})e}{\hat{\theta}} + h\right] - h - a\right\} \cdot \overline{F}^{-1}\left[\frac{c-s}{(p-s)+(s-p+h_2)\cdot R}\right] \tag{4.8}$$

式中, R 如式(4.7)所示。

命题 4.2 的证明　根据方程式(4.3),当 $D < q$ 时,得到 $X < \dfrac{q}{\overline{G}_2\left\{p + I^{-1}\left[\frac{(1-\hat{\theta})e}{\hat{\theta}} + h\right] - h - a\right\}}$。当 $D \geqslant q$ 时, $X \geqslant \dfrac{q}{\overline{G}_2\left\{p + I^{-1}\left[\frac{(1-\hat{\theta})e}{\hat{\theta}} + h\right] - h - a\right\}}$。因此,得到

$$E\min[D, q] = \int_0^{\frac{q}{\overline{G}_2\left(p+I^{-1}\left[\frac{(1-\hat{\theta})e}{\hat{\theta}}+h\right]-h-a\right)}} \overline{G}_2\left\{p + I^{-1}\left[\frac{(1-\hat{\theta})e}{\hat{\theta}} + h\right] - h - a\right\} \cdot x\,\mathrm{d}F(x) + \int_{\frac{q}{\overline{G}_2\left\{p+I^{-1}\left[\frac{(1-\hat{\theta})e}{\hat{\theta}}+h\right]-h-a\right\}}}^{\infty} q\,\mathrm{d}F(x)$$

这样,零售商的期望函数为

$$\Pi(q) = \left[(p-s) + (s-p+h_2)\cdot \frac{\max\left\{G_2(p-h) - G_2\left\{p + I^{-1}\left[\frac{(1-\hat{\theta})e}{\hat{\theta}} + h\right] - h - a\right\}, 0\right\}}{\overline{G}_2\left\{p + I^{-1}\left[\frac{(1-\hat{\theta})e}{\hat{\theta}} + h\right] - h - a\right\}}\right] \cdot$$

$$\left(\int_0^{\frac{q}{\overline{G}_2\left(p+I^{-1}\left[\frac{(1-\hat{\theta})e}{\hat{\theta}}+h\right]-h-a\right)}} \overline{G}_2\left\{p + I^{-1}\left[\frac{(1-\hat{\theta})e}{\hat{\theta}} + h\right] - h - a\right\} \cdot\right.$$

$$x\mathrm{d}F(x)+\int_{\frac{q}{\bar{G}_2\left(p+I^{-1}\left[\frac{(1-\hat{\theta})e}{\hat{\theta}}+h\right]-h-a\right)}}^{\infty}q\mathrm{d}F(x)\Bigg]-(c-s)\cdot q$$

从上式中,得到

$$\begin{aligned}\frac{\partial\Pi(q)}{\partial q}&=[(p-s)+(s-p+h_2)\cdot R]\cdot\frac{\partial E\min[D,q]}{\partial q}-(c-s)\\&=[(p-s)+(s-p+h_2)\cdot R]\cdot\\&\left\{\frac{q}{\bar{G}_2\left(p+I^{-1}\left[\frac{(1-\hat{\theta})e}{\hat{\theta}}+h\right]-h-a\right)}\cdot\right.\end{aligned}$$

$$f\left(\frac{q}{\bar{G}_2\left(p+I^{-1}\left[\frac{(1-\hat{\theta})e}{\hat{\theta}}+h\right]-h-a\right)}\right)+\int_{\frac{q}{\bar{G}_2\left(p+I^{-1}\left[\frac{(1-\hat{\theta})e}{\hat{\theta}}+h\right]-h-a\right)}}^{\infty}f(x)\mathrm{d}x-$$

$$\frac{q}{\bar{G}_2\left(p+I^{-1}\left[\frac{(1-\hat{\theta})e}{\hat{\theta}}+h\right]-h-a\right)}\cdot$$

$$\left.f\left(\frac{q}{\bar{G}_2\left(p+I^{-1}\left[\frac{(1-\hat{\theta})e}{\hat{\theta}}+h\right]-h-a\right)}\right)\right\}-(c-s)$$

$$=[(p-s)+(s-p+h_2)\cdot R]\cdot\left(\int_{\frac{q}{\bar{G}_2\left\{p+I^{-1}\left[\frac{(1-\hat{\theta})e}{\hat{\theta}}+h\right]-h-a\right\}}}^{\infty}f(x)\mathrm{d}x\right)-(c-s)$$

$$=[(p-s)+(s-p+h_2)\cdot R]\cdot\bar{F}\left(\frac{q}{\bar{G}_2\left(p+I^{-1}\left[\frac{(1-\hat{\theta})e}{\hat{\theta}}+h\right]-h-a\right)}\right)-$$

$$(c-s)$$

然后有

$$\begin{aligned}&\frac{\partial^2\Pi(q)}{\partial q^2}\\&=[(p-s)+(s-p+h_2)\cdot R]\cdot\end{aligned}$$

$$\left\{-\frac{1}{\overline{G}_2\left\{p+I^{-1}\left[\frac{(1-\hat{\theta})e}{\hat{\theta}}+h\right]-h-a\right\}}\right\}\cdot$$

$$f\left\{\frac{q}{\overline{G}_2\left\{p+I^{-1}\left[\frac{(1-\hat{\theta})e}{\hat{\theta}}+h\right]-h-a\right\}}\right\}\leqslant 0$$

所以得到最优订货量 q^* 满足 $\frac{\partial \Pi(q)}{\partial q}=0$。这样,

$$[(p-s)+(s-p+h_2)\cdot R]\cdot$$
$$\bar{F}\left\{\frac{q^*}{\overline{G}_2\left\{p+I^{-1}\left[\frac{(1-\hat{\theta})e}{\hat{\theta}}+h\right]-h-a\right\}}\right\}-(c-s)=0$$

$$\Leftrightarrow \bar{F}\left\{\frac{q^*}{\overline{G}_2\left\{p+I^{-1}\left[\frac{(1-\hat{\theta})e}{\hat{\theta}}+h\right]-h-a\right\}}\right\}=\frac{c-s}{(p-s)+(s-p+h_2)\cdot R}$$

$$\Leftrightarrow q^*=\overline{G}_2\left\{p+I^{-1}\left[\frac{(1-\hat{\theta})e}{\hat{\theta}}+h\right]-h-a\right\}\cdot$$
$$\bar{F}^{-1}\left(\frac{c-s}{(p-s)+(s-p+h_2)\cdot R}\right)$$

在命题 4.2 中,尽管零售商存在唯一的最优订货量,但是该订货量受到消费者退货率以及市场需求率的影响。因此,如果零售商想要确定一个最优的订货量来最大化期望利润,他必须寻求关于消费者估值偏差、退货成本以及产品供应水平评估的更多信息。另外,根据零售商的利润函数式(4.6),命题 4.3 显示消费者对产品供应水平的感知将怎样影响退货率和期望需求。

命题 4.3　当消费者对产品供应水平的感知是外生时,退货率 R 和期望需求 $E(D)$ 都随着 $\hat{\theta}$ 上升而上升,即 $\frac{\partial R}{\partial \hat{\theta}}\geqslant 0$ 和 $\frac{\partial E(D)}{\partial \hat{\theta}}\geqslant 0$。

命题 4.3 的证明　因为 $e\geqslant 0$,$\frac{\partial\left[\frac{e\cdot(1-\hat{\theta})}{\hat{\theta}}\right]}{\partial \hat{\theta}}=\frac{-e}{\hat{\theta}^2}\leqslant 0$。根据方程式

(4.7)，当 $a \leqslant I^{-1}\left[\frac{(1-\hat{\theta})e}{\hat{\theta}}+h\right]$ 时，$G_2(p-h) \leqslant G_2\left\{p+I^{-1}\left[\frac{(1-\hat{\theta})e}{\hat{\theta}}+h\right]-h-a\right\}$。然后，得到 $\max\left\{G_2(p-h)-G_2\left\{p+I^{-1}\left[\frac{(1-\hat{\theta})e}{\hat{\theta}}+h\right]-h-a\right\},0\right\}=0$。因此，得到 $R=0$，从而 $\frac{\partial R}{\partial\hat{\theta}}=0$。现在仅仅需要分析 $a > I^{-1}\left[\frac{(1-\hat{\theta})e}{\hat{\theta}}+h\right]$ 的情形。所以有 $G_2(p-h) > G_2\left\{p+I^{-1}\left[\frac{(1-\hat{\theta})e}{\hat{\theta}}+h\right]-h-a\right\}$，则有

$$\max\left\{G_2(p-h)-G_2\left\{p+I^{-1}\left[\frac{(1-\hat{\theta})e}{\hat{\theta}}+h\right]-h-a\right\},0\right\}$$
$$=G_2(p-h)-G_2\left\{p+I^{-1}\left[\frac{(1-\hat{\theta})e}{\hat{\theta}}+h\right]-h-a\right\}$$

因此，得到

$$R=1-\frac{\overline{G}_2(p-h)}{\overline{G}_2\left\{p+I^{-1}\left[\frac{(1-\hat{\theta})e}{\hat{\theta}}+h\right]-h-a\right\}}$$

由此，

$$\frac{\partial R}{\partial\left\{I^{-1}\left[\frac{(1-\hat{\theta})e}{\hat{\theta}}+h\right]\right\}}$$
$$=-\overline{G}_2(p-h)\frac{g_2\left\{p+I^{-1}\left[\frac{(1-\hat{\theta})e}{\hat{\theta}}+h\right]-h-a\right\}}{\overline{G}_2^2\left\{p+I^{-1}\left[\frac{(1-\hat{\theta})e}{\hat{\theta}}+h\right]-h-a\right\}}\leqslant 0$$

为了证明 $\frac{\partial R}{\partial\hat{\theta}} \geqslant 0$，仅仅需要解释 $\frac{\partial I^{-1}\left[\frac{(1-\hat{\theta})e}{\hat{\theta}}+h\right]}{\partial\left[\frac{(1-\hat{\theta})e}{\hat{\theta}}\right]} \geqslant 0$，这是因为

$\frac{\partial[e\cdot(1-\hat{\theta})/\hat{\theta}]}{\partial\hat{\theta}}\leqslant 0$。然而，由于 $\frac{\partial I^{-1}(x)}{\partial x}=1\Big/\left[\frac{\partial I(x)}{\partial x}\right]=\frac{1}{H(x)}\geqslant 1>0$ $[0\leqslant H(x)\leqslant 1]$，$\frac{\partial I^{-1}\left[\frac{(1-\hat{\theta})e}{\hat{\theta}}+h\right]}{\partial\left[\frac{(1-\hat{\theta})e}{\hat{\theta}}\right]}\geqslant 0$ 是正确的。因此，$\frac{\partial R}{\partial\hat{\theta}}\geqslant 0$。

根据方程式(4.3)，得到

$$\frac{\partial E(D)}{\partial\hat{\theta}}=X\cdot\frac{\partial\overline{G}_2\left\{p+I^{-1}\left[\frac{(1-\hat{\theta})e}{\hat{\theta}}+h\right]-h-a\right\}}{\partial\hat{\theta}}$$

$$=X\cdot\frac{\partial\overline{G}_2\left\{p+I^{-1}\left[\frac{(1-\hat{\theta})e}{\hat{\theta}}+h\right]-h-a\right\}}{\partial I^{-1}\left[\frac{(1-\hat{\theta})e}{\hat{\theta}}+h\right]}\cdot\frac{\partial I^{-1}\left[\frac{(1-\hat{\theta})e}{\hat{\theta}}+h\right]}{\partial\hat{\theta}}$$

$$=-X\cdot g_2\left\{p+I^{-1}\left[\frac{(1-\hat{\theta})e}{\hat{\theta}}+h\right]-h-a\right\}\cdot\frac{\partial I^{-1}\left[\frac{(1-\hat{\theta})e}{\hat{\theta}}+h\right]}{\partial\hat{\theta}}$$

因为 $\frac{\partial I^{-1}\left[\frac{(1-\hat{\theta})e}{\hat{\theta}}+h\right]}{\partial\hat{\theta}}\leqslant 0$，得到 $\frac{\partial E(D)}{\partial\hat{\theta}}\geqslant 0$。

根据命题 4.3，如果消费者对产品供应水平的感知较高，期望需求将较高。这是因为消费者认为他们的期望成本会由于失败的购买而下降。另外，如果产品退货存在，那么较高的 $\hat{\theta}$ 也将带来零售商较高的退货率。原因是选择不退货的消费者人数是不改变的(由于它不依赖于 $\hat{\theta}$)。因此，当消费者的退货行为给零售商带来损失时，消费者对产品供应水平的感知越高，零售商的利润将越低，如图 4-1 所示。相关的参数为：$p=16$，$V_2\sim U(10,20)$，$a=3$，$\hat{A}\sim U(3-3,3+3)$，$h=3$，$h_2=1.5$，$X\sim U(0,100)$，$s=10$，$c=12$ 以及 $e=0.5$。

在图 4-1 中，存在着一个临界点 $\hat{\theta}=0.23$。在该临界点上，零售商达到最高的利润 $\Pi=97$。当 $\hat{\theta}<0.23$ 时，零售商的期望利润将随着 $\hat{\theta}$ 上升而上升，这意味着更高的 $\hat{\theta}$ 对零售商是更加有利的。然而，当 $\hat{\theta}>0.23$ 时，零售商的利润

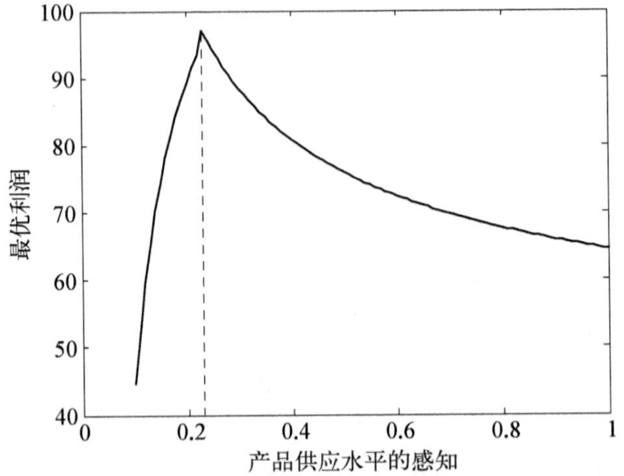

图 4-1 消费者对产品供应水平的感知对零售商期望利润的影响

将随着 $\hat{\theta}$ 上升而下降。这是因为一旦 $\hat{\theta}$ 超过该临界点，它就会对零售商产生损害。接下来，将分析最优订货量与消费者对产品供应水平的感知之间的关系，如命题 4.4 所示。

命题 4.4 当消费者对产品供应水平的感知是外生时，零售商的最优订货量 q^* 将随着 $\hat{\theta}$ 上升而上升，即 $\dfrac{\partial q^*}{\partial \hat{\theta}} \geqslant 0$。

命题 4.4 的证明 根据方程式(4.8)，得到

$$\frac{\partial q^*}{\partial \hat{\theta}} = \frac{\partial \overline{G}_2 \left\{ p + I^{-1} \left[\dfrac{(1-\hat{\theta})e}{\hat{\theta}} + h \right] - h - a \right\}}{\partial \hat{\theta}} \cdot$$

$$\bar{F}^{-1} \left[\frac{c-s}{(p-s)+(s-p+h_2) \cdot R} \right] +$$

$$\overline{G}_2 \left\{ p + I^{-1} \left[\frac{(1-\hat{\theta})e}{\hat{\theta}} + h \right] - h - a \right\} \cdot$$

$$\frac{\partial \bar{F}^{-1} \left[\dfrac{c-s}{(p-s)+(s-p+h_2) \cdot R} \right]}{\partial \hat{\theta}}$$

基于命题 4.3 的证明，得到

$$\frac{\partial \overline{G}_2\left\{p+I^{-1}\left[\frac{(1-\hat{\theta})e}{\hat{\theta}}+h\right]-h-a\right\}}{\partial \hat{\theta}}$$

$$=-g_2\left\{p+I^{-1}\left[\frac{(1-\hat{\theta})e}{\hat{\theta}}+h\right]-h-a\right\}\cdot\frac{\partial I^{-1}\left[\frac{(1-\hat{\theta})e}{\hat{\theta}}+h\right]}{\partial \hat{\theta}}\geqslant 0$$

此外，

$$\frac{\partial \bar{F}^{-1}\left[\frac{c-s}{(p-s)+(s-p+h_2)\cdot R}\right]}{\partial \hat{\theta}}=\frac{1}{\frac{\partial \bar{F}\left[\frac{c-s}{(p-s)+(s-p+h_2)\cdot R}\right]}{\partial \hat{\theta}}}$$

$$=\frac{1}{-f\left(\frac{c-s}{(p-s)+(s-p+h_2)\cdot R}\right)\cdot\frac{\partial\left(\frac{c-s}{(p-s)+(s-p+h_2)\cdot R}\right)}{\partial \hat{\theta}}}$$

$$=\frac{1}{-f\left(\frac{c-s}{(p-s)+(s-p+h_2)\cdot R}\right)\cdot\frac{-(c-s)\cdot(s-p+h_2)\frac{\partial R}{\partial \hat{\theta}}}{[(p-s)+(s-p+h_2)\cdot R]^2}}$$

因为 $\frac{\partial R}{\partial \hat{\theta}}\geqslant 0$，得到 $\frac{\partial \bar{F}^{-1}\left[\frac{c-s}{(p-s)+(s-p+h_2)\cdot R}\right]}{\partial \hat{\theta}}\geqslant 0$。因此，得到 $\frac{\partial q^*}{\partial \hat{\theta}}$。

在命题 4.4 中，当消费者对产品供应水平的感知上升时，零售商应当提高其订货量。这是因为期望需求将会随着产品供应水平的上升而上升（命题 4.3），那么零售商提高订货量将会是有利的。

接下来，比较消费者具有谨慎和非谨慎两种购买行为时零售商所获得的利润，并且探索哪种购买行为（谨慎和非谨慎）的消费者能给零售商带来更多的利润。另外，在一定条件下，谨慎购买行为的消费者对零售商是更加有利的。本章如此定义非谨慎购买行为的消费者：如果零售价格不超过消费者对产品的初始估值，他们就会选择购买；如果退货对消费者更加有利，他们就会退还产品。非谨慎行为的消费者不会评估估值偏差和产品的供应水平。q_m、R_m 和 D_m 分别表示当面临非谨慎行为的消费者时零售商的订货量、消费者的退货率及市场需求情况。因此，本章建立零售商的期望利润函数，如下所示。

$$\Pi_m(q_m)=[(p-s)+(s-p+h_2)\cdot R_m]\cdot E\min[D_m,\ q_m]-(c-s)\cdot q_m \tag{4.9}$$

其中，

$$R_m=\frac{\max\{G_2(p-h)-G_2(p-a),0\}}{\overline{G}_2(p-a)} \tag{4.10}$$

以及

$$D_m=X\cdot\overline{G}_2(p-a) \tag{4.11}$$

根据式(4.9)、式(4.10)和式(4.11)，当零售商面对非谨慎行为的消费者时，得到他的最优订货量，如命题 4.5 所示。

命题 4.5 当市场上的消费者具有非谨慎购买行为时，零售商的唯一最优订货量是

$$q_m^*=\overline{G}_2(p-a)\cdot\overline{F}^{-1}\left[\frac{c-s}{(p-s)+(s-p+h_2)\cdot R_m}\right] \tag{4.12}$$

式中，R_m 如式(4.10)所示。

命题 4.5 的证明与命题 4.2 的证明相类似。在该情形中，零售商存在唯一的最优订货量。相似地，该订货量将同时受到产品的零售价格、成本、残值、消费者的估值偏差及退货率的影响。为了比较零售商面对谨慎行为的消费者和非谨慎行为的消费者两种情形下退货率和市场需求的大小，即比较 R 和 R_m 以及比较 $E(D)$ 和 $E(D_m)$ 的值，如命题 4.6 所示。

命题 4.6 当市场上消费者具有谨慎购买行为时，得到以下结论。

(1) 当 $I^{-1}\left[\frac{(1-\hat{\theta})e}{\hat{\theta}}+h\right]\geqslant h$ 时，如果 $a\leqslant h$，得到 $R=R_m=0$ 和 $E(D)\leqslant E(D_m)$；如果 $h<a$，得到 $R\leqslant R_m$ 和 $E(D)\leqslant E(D_m)$。

(2) 当 $I^{-1}\left[\frac{(1-\hat{\theta})e}{\hat{\theta}}+h\right]<h$ 时，如果 $I^{-1}\left[\frac{(1-\hat{\theta})e}{\hat{\theta}}+h\right]\geqslant a$，得到 $R=R_m=0$ 和 $E(D)\geqslant E(D_m)$；如果 $I^{-1}\left[\frac{(1-\hat{\theta})e}{\hat{\theta}}+h\right]\leqslant a$，得到 $R\geqslant R_m$

和 $E(D) \geqslant E(D_m)$。

命题 4.6 的证明 该证明分为两种情况来进行。

情况 1：$I^{-1}\left[\dfrac{(1-\hat{\theta})e}{\hat{\theta}}+h\right] \geqslant h$。

当 $I^{-1}\left[\dfrac{(1-\hat{\theta})e}{\hat{\theta}}+h\right] \geqslant h$ 时，$\overline{G}_2\left(p+I^{-1}\left[\dfrac{(1-\hat{\theta})e}{\hat{\theta}}+h\right]-h-a\right) \leqslant \overline{G}_2(p-a)$，这样，得到 $E(D) \leqslant E(D_m)$。然后将通过如下三个步骤来分析 R 和 R_m 之间的关系。

第一步：当 $I^{-1}\left[\dfrac{(1-\hat{\theta})e}{\hat{\theta}}+h\right] \geqslant h$ 和 $a \leqslant h$ 时，$p-h \leqslant p-a$ 和 $p-h \leqslant p+I^{-1}\left[\dfrac{(1-\hat{\theta})e}{\hat{\theta}}+h\right]-h-a$，所以得到 $\max\{G_2(p-h)-G_2(p-a), 0\}=0$ 和 $\max\left\{G_2(p-h)-G_2\left(p+I^{-1}\left[\dfrac{(1-\hat{\theta})e}{\hat{\theta}}+h\right]-h-a\right), 0\right\}=0$。根据 R 和 R_m 的表达式[方程式(4.7)和式(4.10)]，得到 $R=R_m=0$。

第二步：当 $I^{-1}\left[\dfrac{(1-\hat{\theta})e}{\hat{\theta}}+h\right] \geqslant h$ 和 $h \leqslant a \leqslant I^{-1}\left[\dfrac{(1-\hat{\theta})e}{\hat{\theta}}+h\right]$ 时，$p-h \geqslant p-a$ 和 $p-h \leqslant p+I^{-1}\left[\dfrac{(1-\hat{\theta})e}{\hat{\theta}}+h\right]-h-a$。然后，得到 $R=0$ 和 $R_m=1-\dfrac{\overline{G}_2(p-h)}{\overline{G}_2(p-a)} \geqslant 0$。因此，得到 $R \leqslant R_m$。

第三步：当 $I^{-1}\left[\dfrac{(1-\hat{\theta})e}{\hat{\theta}}+h\right] \geqslant h$ 和 $a \geqslant I^{-1}\left[\dfrac{(1-\hat{\theta})e}{\hat{\theta}}+h\right]$ 时，$p-h \geqslant p-a$ 和 $p-h \geqslant p+I^{-1}\left[\dfrac{(1-\hat{\theta})e}{\hat{\theta}}+h\right]-h-a$。由此得到

$$R=\frac{\max\left\{G_2(p-h)-G_2\left(p+I^{-1}\left[\dfrac{(1-\hat{\theta})e}{\hat{\theta}}+h\right]-h-a\right), 0\right\}}{\overline{G}_2\left(p+I^{-1}\left[\dfrac{(1-\hat{\theta})e}{\hat{\theta}}+h\right]-h-a\right)}$$

$$=1-\frac{\overline{G}_2(p-h)}{\overline{G}_2\left(p+I^{-1}\left[\dfrac{(1-\hat{\theta})e}{\hat{\theta}}+h\right]-h-a\right)}$$

和 $R_m = \dfrac{\max\{G_2(p-h)-G_2(p-a),\ 0\}}{\overline{G}_2(p-a)} = 1-\dfrac{\overline{G}_2(p-h)}{\overline{G}_2(p-a)}$。

注意 $\overline{G}_2\left\{p+I^{-1}\left[\dfrac{(1-\hat{\theta})e}{\hat{\theta}}+h\right]-h-a\right\} \leqslant \overline{G}_2(p-a)$，这样 $R \leqslant R_m$。

情况 2：$I^{-1}\left[\dfrac{(1-\hat{\theta})e}{\hat{\theta}}+h\right] < h$。

当 $I^{-1}\left[\dfrac{(1-\hat{\theta})e}{\hat{\theta}}+h\right] < h$ 时，$\overline{G}_2\left\{p+I^{-1}\left[\dfrac{(1-\hat{\theta})e}{\hat{\theta}}+h\right]-h-a\right\} > \overline{G}_2(p-a)$，这样得到 $E(D) > E(D_m)$。然后也将通过三个步骤来分析 R 和 R_m 之间的关系。

第一步：当 $I^{-1}\left[\dfrac{(1-\hat{\theta})e}{\hat{\theta}}+h\right] < h$ 和 $a \leqslant I^{-1}\left[\dfrac{(1-\hat{\theta})e}{\hat{\theta}}+h\right]$ 时，$p-h \leqslant p-a$ 和 $p-h \leqslant p+I^{-1}\left[\dfrac{(1-\hat{\theta})e}{\hat{\theta}}+h\right]-h-a$。根据方程式(4.7)和式(4.10)，得到 $R=R_m=0$。

第二步：当 $I^{-1}\left[\dfrac{(1-\hat{\theta})e}{\hat{\theta}}+h\right] < h$ 和 $I^{-1}\left[\dfrac{(1-\hat{\theta})e}{\hat{\theta}}+h\right] \leqslant a \leqslant h$ 时，$p-h \leqslant p-a$ 和 $p-h \geqslant p+I^{-1}\left[\dfrac{(1-\hat{\theta})e}{\hat{\theta}}+h\right]-h-a$。进而得到 $R_m=0$，$R=1-\dfrac{\overline{G}_2(p-h)}{\overline{G}_2\left\{p+I^{-1}\left[\dfrac{(1-\hat{\theta})e}{\hat{\theta}}+h\right]-h-a\right\}} \geqslant 0$。因此，得到 $R \geqslant R_m$。

第三步：当 $I^{-1}\left[\dfrac{(1-\hat{\theta})e}{\hat{\theta}}+h\right] < h$ 和 $h \leqslant a$ 时，$p-h \geqslant p-a$ 和 $p-h \geqslant p+I^{-1}\left[\dfrac{(1-\hat{\theta})e}{\hat{\theta}}+h\right]-h-a$。由此得到 $R=1-\dfrac{\overline{G}_2(p-h)}{\overline{G}_2\left\{p+I^{-1}\left[\dfrac{(1-\hat{\theta})e}{\hat{\theta}}+h\right]-h-a\right\}}$，$R_m=1-\dfrac{\overline{G}_2(p-h)}{\overline{G}_2(p-a)}$。因为 $\overline{G}_2\left\{p+I^{-1}\left[\dfrac{(1-\hat{\theta})e}{\hat{\theta}}+h\right]-h-a\right\} > \overline{G}_2(p-a)$，所以 $R > R_m$。

命题 4.6 显示 R 和 R_m 之间的关系以及 $E(D)$ 和 $E(D_m)$ 之间的关系受到消费者的估值偏差 a、退货成本 h 以及 $I^{-1}\left[\frac{(1-\hat{\theta})e}{\hat{\theta}}+h\right]$ 之间大小的影响。图 4-2 详细地刻画了命题 4.6 中的结果。

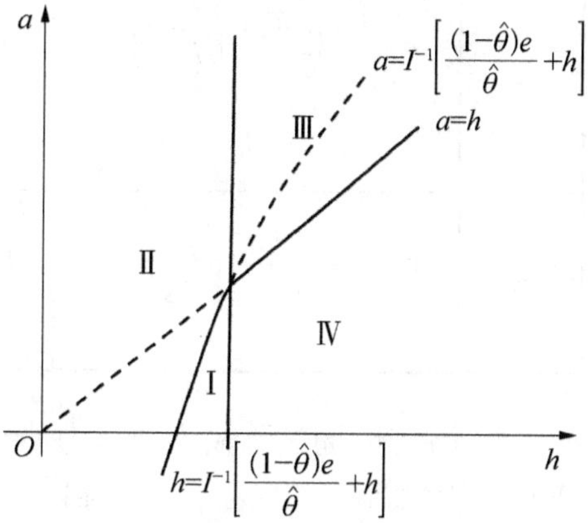

图 4-2　在消费者的不同谨慎购买行为下零售商利润之间的比较

通过比较利润 Π 和 Π_m 的大小，能得到哪种行为表现的消费者对零售商是更加有利的，如表 4-1 所示。基于 R 和 R_m 之间的大小以及需求 $E(D)$ 与 $E(D_m)$ 之间的大小，在区域Ⅰ，能观察到零售商更喜欢谨慎购买行为的消费者；在区域Ⅳ，零售商更喜欢非谨慎购买行为的消费者。在区域Ⅱ，如果消费者的退货对零售商是有利的(即 $s-p+h_2\geqslant 0$)，零售商将更喜欢谨慎行为的消费者。然而，在区域Ⅲ，如果 $s-p+h_2\geqslant 0$，零售商将更喜欢非谨慎行为的消费者。另外，考虑这种情形——消费者的退货会给零售商带来损失，即 $s-p+h_2<0$。如果消费者的谨慎购买行为提高期望需求，就会导致退货率的上升，从而使得零售商的成本提高。如果消费者的谨慎行为降低期望需求，零售商的成本会由于退货率的降低而降低。因此，对于区域Ⅱ和区域Ⅲ，当 $s-p+h_2<0$ 时，确定谨慎行为的消费者是否降低或提高零售商的利润是非常困难的。为了比较这两种购买行为的消费者，本章需要考虑其他参数值的影响。

表 4-1　退货率 R 和 R_m 之间的关系以及需求 $E(D)$ 和 $E(D_m)$ 之间的关系

区域	条　件	结　果	利　润
Ⅰ	$\begin{cases} I^{-1}\left[\frac{(1-\hat{\theta})e}{\hat{\theta}}+h\right]<h \\ a\leqslant I^{-1}\left[\frac{(1-\hat{\theta})e}{\hat{\theta}}+h\right] \end{cases}$	$E(D)\geqslant E(D_m)$，$R=R_m=0$	$\Pi\geqslant\Pi_m$
Ⅱ	$\begin{cases} I^{-1}\left[\frac{(1-\hat{\theta})e}{\hat{\theta}}+h\right]<h \\ a\geqslant I^{-1}\left[\frac{(1-\hat{\theta})e}{\hat{\theta}}+h\right] \end{cases}$	$E(D)\geqslant E(D_m)$，$R\geqslant R_m$	如果 $s-p+h_2\geqslant 0$，$\Pi\geqslant\Pi_m$；如果 $s-p+h_2<0$，其他因素将影响利润的大小

（续表）

区域	条　件	结　果	利　润
Ⅲ	$\begin{cases} I^{-1}\left[\dfrac{(1-\hat{\theta})e}{\hat{\theta}}+h\right]\geqslant h \\ a>h \end{cases}$	$E(D)\leqslant E(D_m)$，$R\leqslant R_m$	如果 $s-p+h_2\geqslant 0$，$\Pi\leqslant\Pi_m$；如果 $s-p+h_2<0$，其他因素将影响利润的大小
Ⅳ	$\begin{cases} I^{-1}\left[\dfrac{(1-\hat{\theta})e}{\hat{\theta}}+h\right]\geqslant h \\ a\leqslant h \end{cases}$	$E(D)\leqslant E(D_m)$，$R=R_m=0$	$\Pi\leqslant\Pi_m$

综上所述，通过比较不同行为消费者的市场需求大小以及退货率的大小，本章的研究结果能够为零售商提供一些管理建议。当面对谨慎行为的消费者时，零售商应当采取措施来提高消费者对产品供应水平的感知。另外，对于一些有影响力的零售商，适当地提高消费者的初始估值对零售商可能是有利的，这是非常重要的并且受到消费者退货成本、搜索成本以及产品供应水平感知的影响。然而，当市场上消费者具有非谨慎购买行为时，零售商应当通过提高退货补偿的标准来适当地提高消费者的退货成本。另外，退货对是否有利于零售商起着重要的作用。比如，如果退货有利，发现当零售商面对谨慎行为的消费者时，他不需要采取措施来影响估值偏差。因此，当零售商面对这两种行为的消费者时，他也应当更多地注意其他的影响因素(比如残值和零售价格)。

为了探讨残值和零售价格对零售商利润的影响，接下来本节将提供两个算例。本节仅仅集中研究区域Ⅲ，不考虑区域Ⅱ(因区域Ⅱ中的算例结果与区域Ⅲ相类似)。

- **算例 1**　产品残值对零售商利润的影响

在算例 1 中，当零售商面对谨慎和非谨慎购买行为的消费者时，分析残值对零售商利润的影响，其结果如图 4-3 所示。相关的参数值为：$h=h_2=0.5$，$\hat{\theta}=0.5$，$e=0.5$，$a=5$，$\hat{A}\sim U(3-4,\ 3+4)$，$p=25$，$V_2\sim U(20,\ 30)$，$X\sim U(0,\ 100)$ 以及 $c=20$。

图 4-3 显示了当产品的产值从 0 上升到 19 时零售商利润的变化。本节有两个发现。第一，零售商利润随着产品残值的上升将先下降后上升，并且这个结论不依赖于消费者的行为。该发现反映了当退货率足够低时，更高的产品残值会给零售商带来更高的成本。这是因为当产品被卖掉时，产品的残值也将失去。随着残值的上升，零售商将从退还或者没卖出去的产品中获利更

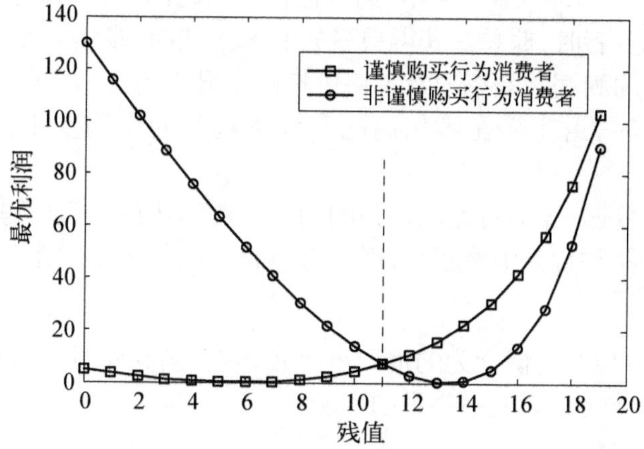

图 4－3　残值对零售商利润的影响

多，这就使得零售商得到更多的利润。第二，当残值超过一个临界点时（图 4－3 中的 11），与非谨慎行为的消费者相比，谨慎行为的消费者将给零售商带来更多的利润。因此，产品残值在确定谨慎行为的消费者是否对零售商更加有利上具有重要的作用。

- **算例 2**　产品的零售价格对零售商利润的影响

在算例 2 中，当零售商面对谨慎和非谨慎行为的消费者时，讨论产品的零售价格对其利润的影响，所得到的结果体现在图 4－4 中。相关的参数值为：$h=3$，$\hat{\theta}=0.5$，$e=1$，$h_2=0.5$，$a=8$，$\hat{A}\sim U(9-25,\ 9+25)$，$V_2\sim U(5,\ 10)$，$X\sim U(200,\ 400)$，$c=6$ 以及 $s=5$。

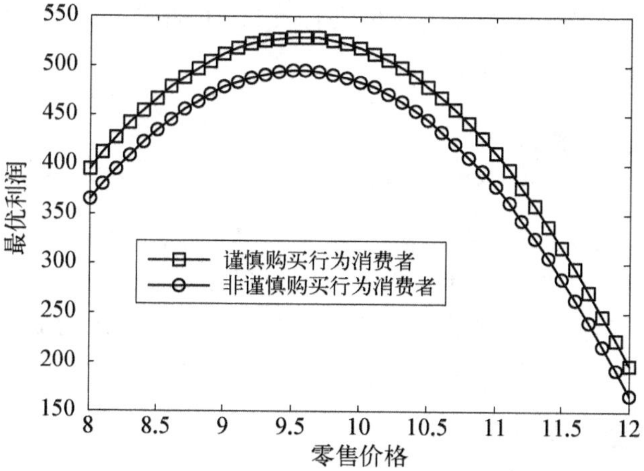

图 4－4　零售价格对零售商利润的影响

不同于图 4-3,在图 4-4 中,与非谨慎行为的消费者相比,当零售商面对谨慎行为的消费者时,他总是获得更多的利润。然而,零售商面对两种行为消费者时所获得的利润之差将随着零售价格的上升先上升后下降。这是因为当产品价格波动时,退货率在零售商的利润中起到的作用要比市场需求的作用大。

接下来,将进一步探讨谨慎行为的消费者对零售商决策(存货量)的影响。当零售商面对两种行为消费者时,最优订货量之间的大小关系,其结果如命题 4.7 所示。

命题 4.7 与非谨慎行为的消费者比较,当零售商面对谨慎行为的消费者时,订货量 q^* 与 q_m^* 的大小关系如下所示。

(1) 当 $I^{-1}\left[\frac{(1-\hat{\theta})e}{\hat{\theta}}+h\right]\geqslant h$ 时,如果 $a\leqslant h$,得到 $q^*=q_m^*$;如果 $h<a$ 和 $s-p+h_2\geqslant 0$,得到 $q^*\leqslant q_m^*$。

(2) 当 $I^{-1}\left[\frac{(1-\hat{\theta})e}{\hat{\theta}}+h\right]<h$ 时,如果 $a\leqslant I^{-1}\left[\frac{(1-\hat{\theta})e}{\hat{\theta}}+h\right]$,得到 $q^*=q_m^*$;如果 $I^{-1}\left[\frac{(1-\hat{\theta})e}{\hat{\theta}}+h\right]\leqslant a$ 和 $s-p+h_2\geqslant 0$,得到 $q^*\geqslant q_m^*$。

命题 4.7 显示了当零售商面对这两种行为消费者(谨慎和非谨慎行为的消费者)时零售商最优决策的变化。具体来讲,相对于非谨慎行为的消费者,如果满足以下三个条件:(1) 市场上的估值偏差充分高,(2) 消费者退货不给零售商带来损失,(3) 消费者的谨慎购买行为不降低市场需求,那么零售商应当提高订货量水平来获得更多的利润。相反,如果满足以下条件:(1) 估值偏差充分低,(2) 消费者退货给零售商带来损失,(3) 消费者的谨慎行为会降低市场需求,那么零售商应当降低订货量。

4.4 模型拓展

在本节中,对 4.2 节的模型进行拓展,即考虑消费者对零售商供货水平的感知是理性的情形,并且将其作为零售商订货量的一个函数。在 4.4.1 节,描述了该研究问题,并且建立了零售商与消费者之间的博弈均衡;在 4.4.2 节,提供了一个算例研究,并且证明了其均衡是唯一存在的。

4.4.1 模型建立与分析

在 4.2 节中,考虑消费者对产品供应水平的感知是一个外生参数。在现实中，消费者能够获得足够的库存信息并且能够对产品的供应水平产生理性的评估。一方面，当在网上购物时，产品交易数据常常对市场上的消费者是公开的；另一方面，消费者能够从自已以前的购买经历中获得产品的供应水平信息。Su 和 Zhang(2009)做了一个关于消费者如何随着时间进行学习的分析。在本小节中，消费者对产品供应水平的感知被看作一个内生变量。本小节考虑产品供应水平感知是零售商订货量的一个函数，如下所示。

$$\hat{\theta} = \theta(q) = E\left[\frac{\min(q,\ D)}{D}\right] \tag{4.13}$$

零售商与消费者之间的博弈均衡定义如下。

定义 4.1　在该博弈中，零售商基于对消费者谨慎购买行为的感知来确定一个订货量。如果消费者的初始估值超过一个界限 $\hat{v}_1$，那么他们会购买产品。消费者基于对零售商产品供应水平的感知 $\hat{\theta}$ 来确定是否进行购买。因此，零售商和消费者之间的一个纳什均衡 $(v_1^*,\ q^*)$ 将满足以下条件。

(1) 零售商的感知是理性的，即

$$\hat{v}_1 = v_1^* = p + I^{-1}\left[\frac{(1-\hat{\theta})\cdot e}{\hat{\theta}} + h\right] - h \tag{4.14}$$

(2) 消费者的感知是理性的，即

$$\hat{\theta} = \theta(q^*) = E\left[\frac{\min(q^*,\ D)}{D}\right] \tag{4.15}$$

根据式(4.13)，当消费者对零售商的产品供应水平具有理性的感知时，得到零售商的期望利润函数，如下所示。

$$\Pi(q) = [(p-s) + (s-p+h_2)\cdot R(q)]\cdot E\min[D(q),\ q] - (c-s)\cdot q \tag{4.16}$$

其中，

$$R(q) = \frac{\max\left\{G_2(p-h) - G_2\left\{p + I^{-1}\left[\frac{(1-\theta(q))\cdot e}{\theta(q)} + h\right] - h - a\right\},\ 0\right\}}{\overline{G}_2\left\{p + I^{-1}\left[\frac{(1-\theta(q))\cdot e}{\theta(q)} + h\right] - h - a\right\}} \tag{4.17}$$

并且

$$D(q)=X\cdot\overline{G}_2\left\{p+I^{-1}\left[\frac{(1-\theta(q))\cdot e}{\theta(q)}+h\right]-h-a\right\}\qquad(4.18)$$

在该情形中,消费者的退货率 R [式(4.17)]以及市场需求 D [式(4.18)]都依赖于零售商的产品供应水平 θ。产品供应水平是订货量的一个函数,并且 θ 与需求 D 是相关的。另外, D 同时出现在一个分数的分子和分母上[式(4.15)]。注意到通过计算目标函数的一阶导数和二阶导数来分析函数的凸凹性是具有挑战性的。这促使本节通过算例来获得零售商的最优订货量以及分析其相关性质。

4.4.2 算例分析

在本小节中,通过算例来研究零售商和消费者之间的博弈均衡。首先,对零售商和消费者进行均衡分析。然后,比较消费者对零售商产品供应水平的感知是内生还是外生的这两种情形。

式(4.13)定义了 $\theta(q)$ 和 q 之间的关系。根据式(4.13),不能直接地分析谨慎行为的消费者对产品供应水平 θ 的理性感知是如何被零售商的订货量 q 影响的。因此,通过算例来探索 θ 和 q 之间的关系,如图 4-5 所示。相关的参数为: $p=15$, $V_2\sim U(10,\ 20)$, $a=3$, $\hat{A}\sim U(3-3,\ 3+3)$, $h=3$, $h_2=1$, $X\sim U(0,\ 100)$, $s=10$, $c=12$ 以及 $e=1$。

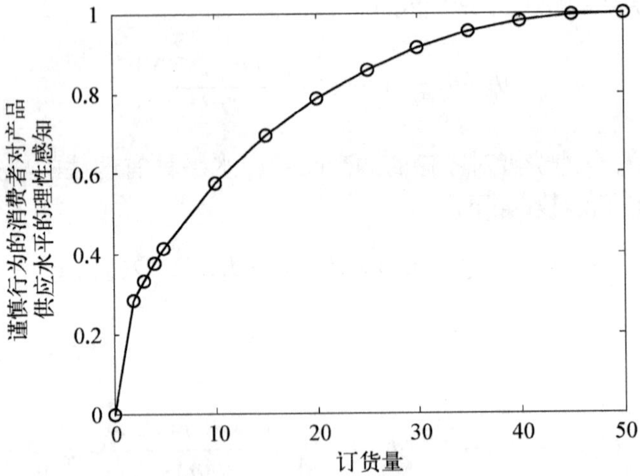

图 4-5 零售商订货量与消费者对产品供应水平的感知之间的关系

图 4-5 说明在均匀分布的条件下,消费者对产品供应水平的理性感知 θ 随着零售商的订货量 q 上升而上升。然而,零售商利润上升的速度随着订货量的上升而下降。也就是说,当零售商的订货量足够高时,零售商通过改

善产品供应水平来提高消费者的期望剩余是有限的。另外，由于消费者的退货率随着 θ 上升而上升，所以消费者的退货率将随着零售商的订货量上升而上升。

为了得到最优订货量 q^*，分析零售商的期望利润和订货量之间的关系，如图 4-6 所示。

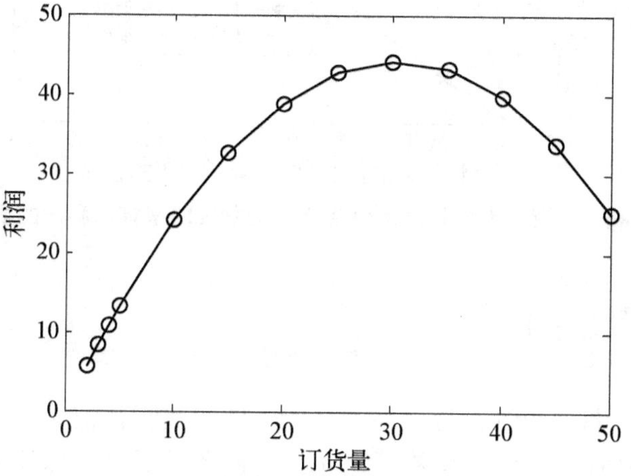

图 4-6　零售商订货量对利润的影响

图 4-6 显示当消费者对产品供应水平具有理性感知时，零售商的利润函数是凹的，并且存在最优订货量。在图 4-6 中，零售商的最优订货量 $q^* = 30$。在该点上，消费者对产品供应水平的理性感知为 0.912 4，并且该结果导致 $v_1^* = 18.1$。因此，均衡是(18.1, 30)，这意味着当且仅当消费者的初始估值超过 18.1 时，他们将选择购买产品，此时零售商的相应期望利润是 44.12。

接下来，比较在两种情形中的零售商利润：(1) 消费者对产品供应水平的感知是理性的，(2) 消费者对产品供应水平的感知是外生的，比较的结果如图 4-7 所示。所有参数值与上述相同。

根据图 4-7，零售商的期望利润随着消费者对产品供应水平的理性感知的上升先上升而后下降。也就是说，较高的理性感知可能对零售商是有损害的(类似于图 4-1 的结果)。该发现否定了一个经典结论，即更高的产品供应水平感知将导致更高的利润，并且无论消费者对产品供应水平的感知是外生的还是内生的，这个结论都保持不变。本研究还发现，当消费者对产品供应水平的感知是外生时，零售商的期望利润要比消费者对产品供应水平的感知是内生时所获得的利润要高。

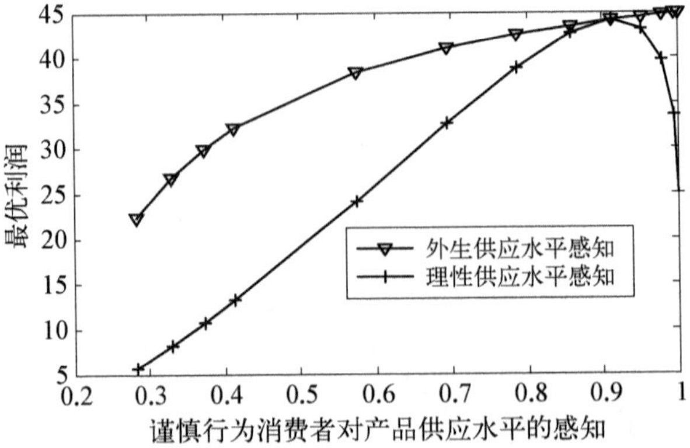

图 4-7　消费者感知产品供应水平的状况对零售商利润的影响

4.5　本章小结

在本章中，考虑消费者对产品的初始估值与实际估值之间存在差异，并且定义该差异为估值偏差，该偏差可能导致消费者退货，从而影响零售商的订货决策和利润。随着缺货现象普遍发生，消费者在购买产品时将考虑产品的供应水平。市场上的消费者通常具有谨慎购买的行为，即他们在购买产品前将评估估值偏差和产品的供应水平。消费者对估值偏差和产品供应水平的评估会影响消费者的期望剩余，从而决定他们是否购买。本章分别考虑了消费者对产品供应水平的外生和内生感知的情况，分两个部分来研究零售商的最优订货决策。

首先，讨论消费者对产品供应水平的感知是外生的情况。本章采用了一个斯坦伯格博弈模型，其中零售商是领导者，消费者是跟随者。在该博弈中，消费者具有谨慎购买的行为，他们根据期望效用的大小来决定是否购买产品。然后，本章建立了零售商的利润函数并且得到最优订货量。相关分析显示，市场需求和消费者的退货率总是随着产品供应水平感知的上升而上升。另外，本章也分析两种行为(谨慎和非谨慎)的消费者对退货率、期望需求以及最优订货量的影响。本章得到了一些好的管理内涵，即当零售商面对谨慎行为的消费者时，他应当采取措施来提高消费者对产品供应水平的感知；如果零售商面对非谨慎行为的消费者，他应当通过提高退货消费者对零售商的补偿来适当地提高消费者的退货成本。

其次，本章基于基本模型做了拓展研究，即讨论消费者对产品供应水平的感知是内生的情形。在纳什博弈中，零售商基于对消费者谨慎购买行为的感知来确定订货量,同时消费者基于对零售商产品供应水平的感知来决定是否购买。算例结果显示,产品供应水平的理性感知随着零售商的订货量上升而上升,从而推断退货率将随着订货量的上升而上升。本章也发现,无论消费者对产品供应水平的感知是外生的还是内生的,当它足够高时,零售商的利润可能会下降。

第5章 本书总结

本书研究了基于不同消费者行为的生产与订货问题，分析了消费者的不同购买行为对制造商绿色生产决策和零售商最优订货决策的影响。本书首先考虑消费者的环保意识和行为，讨论制造商如何安排不同绿色等级产品的生产。其次，基于消费者的好感度，本书研究零售商如何确定一个最小承诺订货量。最后，本书考虑消费者的谨慎购买行为，研究零售商如何制定一个最优的订货策略。根据这三个部分的研究，本章分别对其进行如下总结。

1. 随着环境污染日益严重，为了改善环境质量，消费者的环保意识逐步提高并且愿意用高价格购买绿色产品，同时政府实施绿色补贴政策来促进制造商进行绿色生产。由于消费者的绿色购买行为以及政府的环保制度，制造商开始改善绿色技术水平来生产不同绿色等级的产品，从而满足市场需求并使得自身利润达到最大。本书通过对该问题的研究，发现消费者环保意识的增强能够促使制造商生产更多的高绿色等级的产品，但并不意味着制造商能够获得更多的利润，这主要取决于市场结构。同时也发现，一个好的补贴政策能够为拥有先进绿色技术的制造商带来更多的利润，并且加大市场上高绿色等级产品的数量，同时使得政府的总补贴金额下降。随着消费者环保意识水平和政府绿色补贴政策的改变，制造商在竞争越来越激烈的情况下可能会获得更多的利润。

2. 随着人们的生活水平不断提高，消费者在购买产品时对零售商的服务质量越来越敏感，他们会基于过去的产品供应水平对零售商形成一种好感度，消费者的好感度会影响零售商的未来需求。为了改善消费者对自身的好感度，零售商需要提高产品的供应水平。当零售商向供应商进行长期订货时，双方之间会形成一个最小订货量承诺。零售商的最小订货量承诺会直接影响产品的供应水平进而影响消费者的好感度。通过对该部分的研究，得到消费者好感度将随着时间单调地收敛到一个不变的稳定值。此外，本书发现稳态的消费者好感度可能会随着最小承诺订货量上升而下降。

3. 伴随着电子商务的成熟，网上购物变得越来越流行。当消费者在网上购买产品时，由于他们不能看到实际产品，因而对产品的估值和供应水平的判断是不确定的，这会导致消费者表现出谨慎的购买行为。由于产品估值偏差的存在以及供应水平的不确定性，消费者会考虑是否购买以及购买后是否退货，这都会直接影响零售商的需求和利润水平。通过研究我们发现，当消费者对产品供应水平的感知是外生时，市场需求和退货率总是随着消费者对产品供应水平感知的上升而上升。在消费者具有谨慎和非谨慎两种购买行为的背景下，又研究了消费者的退货率、期望的市场需求以及零售商的最优订货量之间的关系。当零售商面对谨慎行为消费者时，他应当采取措施来提高消费者对产品供应水平的感知。如果零售商面对非谨慎行为消费者，他应当采取相应措施来适当地提高消费者的退货成本。此外，当消费者对产品供应水平的感知是内生时，通过算例得出消费者对产品供应水平的感知随着零售商的最优订货量的上升而上升。无论消费者对产品供应水平的感知是外生的还是内生的，当它足够高时，零售商的利润都可能会下降。

参 考 文 献

[1] Adelman D, Mersereau A J. Dynamic capacity allocation to customers who remember past service[J]. Management Science, 2013, 59(3): 592-612.

[2] Aflaki S, Popescu I. Managing retention in service relationships[J]. Management Science, 2013, 60(2): 415-433.

[3] Altintas N, Erhun F, Tayur S. Quantity discounts under demand uncertainty[J]. Management Science, 2008, 54(4): 777-792.

[4] Bassok Y, Anupindi R. Analysis of supply contracts with commitments and flexibility[J]. Naval Research Logistics, 2008, 55(5): 459-477.

[5] Bazaraa M S, Sherali H D, Shetty C M. Nonlinear programming: theory and algorithms[J]. Technometrics, 1994, 49(1): 105.

[6] Bemporad R, Baranowski M. Conscious consumers are changing the rules of marketing. Are you ready? [EB/OL]. Highlights from the BBMG conscious consumer report, 2007. http: //www.bbmg.com.

[7] Ben-Tal A, Golany B, Nemirovski A, et al. Retailer-supplier flexible commitments contracts: a robust optimization approach [J]. Manufacturing & Service Operations Management, 2005, 7(3): 248-271.

[8] Chen Y J. Optimal selling scheme for heterogeneous consumers with uncertain valuations[J]. Mathematics of Operations Research, 2011, 36(4): 695-720.

[9] Coad A, De Haan P, Woersdorfer J S. Consumer support for environmental policies: An application to purchases of green cars[J]. Ecological Economics, 2009, 68(7): 2078-2086.

[10] Cournot A A. Researches into the mathematical principles of the theory of wealth macMillan[J]. Harvard University, London, 1838.

[11] Corbett C J, De Groote X. A supplier's optimal quantity discount policy under asymmetric information[J]. Management Science, 2000, 46(3): 444-450.
[12] Dafermos S, Nagurney A. Oligopolistic and competitive behavior of spatially separated markets[J]. Regional Science and Urban Economics, 1987, 17(2): 245-254.
[13] Deutch J M, Lester P K. Making technology work: Applications in energy and the environment [M]. Cambridge: Cambridge University Press, 2004.
[14] Dröge S, Schröder P J. How to turn an industry green: taxes versus subsidies [J]. Journal of Regulatory Economics, 2005, 27 (2): 177-202.
[15] Dubé J P, Hitsch G J, Manchanda P. An empirical model of advertising dynamics[J]. Quantitative Marketing and Economics, 2005, 3(2): 107-144.
[16] Dupuis P, Nagurney A. Dynamical systems and variational inequalities [J]. Annals of Operations Research, 1993, 44(1): 7-42.
[17] Espinola-Arredondo A, Zhao H. Environmental policy in a linear city model of product differentiation [J]. Environment and Development Economics, 2012, 17(4): 461-477.
[18] Eurobarometer F. Europeans' attitudes towards the issue of sustainable consumption and production[J]. Flash Eurobarometer, 2009, 256.
[19] Fazel F, Fischer K P, Gilbert E W. JIT purchasing vs. EOQ with a price discount: An analytical comparison of inventory costs [J]. International Journal of Production Economics, 1998, 54(1): 101-109.
[20] Gallego G, Moon I. The distribution free newsboy problem: review and extensions[J]. Journal of the Operational Research Society, 1993, 44 (8): 825-834.
[21] Hamdouch Y. Multi-period supply chain network equilibrium with capacity constraints and purchasing strategies [J]. Transportation Research Part C: Emerging Technologies, 2011, 19(5): 803-820.
[22] Hall J, Porteus E. Customer service competition in capacitated systems [J]. Manufacturing & Service Operations Management, 2000, 2(2): 144-165.
[23] Harnisch J, Wing H D, Jacoby R G. Primary aluminum production:

climate policy, emissions and costs [J]. MIT Joint Program on the Science and Policy of Global Change, Report 44, 1998.

[24] Hartman G. Hartman report on sustainability: understanding the consumer perspective [J]. Hartman Group, Bellevue, Washington, 2007.

[25] Ingene C A, Parry M E. Mathematical models of distribution channels [M]. Berlin: Springer Science & Business Media, 2004.

[26] Jin C F, Wang X, Mei L J. Analysis on the optimal subsidy strategy of government in green supply chain [J]. Advanced Materials Research. Trans Tech Publication, 2011, 224: 147 - 151.

[27] Kalai E, Lehrer E. Rational learning leads to Nash equilibrium econometrica[J]. Journal of the Econometric Society, 1993, 61(5): 1019 - 1045.

[28] Laroche M, Bergeron J, Barbaro-Forleo G. Targeting consumers who are willing to pay more for environmentally friendly products [J]. Journal of Consumer Marketing, 2001, 18(6): 503 - 520.

[29] Liu L, Shang W, Wu S. Dynamic competitive newsvendors with service-sensitive demands [J]. Manufacturing & Service Operations Management, 2007, 9(1): 84 - 93.

[30] Liu Z L, Anderson T D, Cruz J M. Consumer environmental awareness and competition in two-stage supply chains [J]. European Journal of Operational Research, 2012, 218(3): 602 - 613.

[31] Mas-Colell A, Whinston M D, Green J R. Microeconomic theory[M]. New York: Oxford University Press, 1995.

[32] Masoumi A H, Yu M, Nagurney A. A supply chain generalized network oligopoly model for pharmaceuticals under brand differentiation and perishability [J]. Transportation Research Part E: Logistics and Transportation Review, 2012, 48(4): 762 - 780.

[33] Moraga-Gonzalez J L, Padron-Fumero N. Environmental policy in a green market [J]. Environmental and Resource Economics, 2002, 22 (3): 419 - 447.

[34] Nagurney A. Network economics: A variational inequality approach [M]. 2nd edition. Boston: Kluwer Academic Publishers, 1999.

[35] Nagurney A, Yu M. Sustainable fashion supply chain management under oligopolistic competition and brand differentiation [J].

International Journal of Production Economics, 2012, 135 (2): 532 - 540.

[36] Nerlove M, Arrow K J. Optimal advertising policy under dynamic conditions[J]. Economica, 1962, 29(114): 129 - 142.

[37] Sethi S P. Dynamic optimal control models in advertising: a survey[J]. SIAM Review, 1977, 19(4): 685 - 725.

[38] Su X, Zhang F. On the value of commitment and availability guarantees when selling to strategic consumers[J]. Management Science, 2009, 55 (5): 713 - 726.

[39] Swinney R. Selling to strategic consumers when product value is uncertain: the value of matching supply and demand[J]. Management Science, 2011, 57(10): 1737 - 1751.

[40] Tsai J F. An optimization approach for supply chain management models with quantity discount policy [J]. European Journal of Operational Research, 2007, 177(2): 982 - 994.

[41] Xiao T, Shi K, Yang D. Coordination of a supply chain with consumer return under demand uncertainty [J]. International Journal of Production Economics, 2010, 124(1): 171 - 180.

[42] Yue J, Chen B, Wang M C. Expected value of distribution information for the newsvendor problem[J]. Operations Research, 2006, 54(6): 1128 - 1136.

[43] Yu M, Nagurney A. Competitive food supply chain networks with application to fresh produce [J]. European Journal of Operational Research, 2013, 224(2): 273 - 282.

[44] Yu Y, Han X, Liu J, et al. Supply chain equilibrium among companies with offline and online selling channels [J]. International Journal of Production Research, 2015, 53(22): 6672 - 6688.

[45] Yu Y, Liu J, Han X, et al. Optimal decisions for sellers considering valuation bias and strategic consumer reactions[J]. European Journal of Operational Research, 2017, 259(12): 599 - 613.

[46] Zhang J, Chiang W K, Liang L. Strategic pricing with reference effects in a competitive supply chain[J]. Omega, 2014, 44: 126 - 135.

[47] Zhang X, Xu X, He P. New product design strategies with subsidy policies[J]. Journal of Systems Science and Systems Engineering, 2012, 21(3): 356 - 371.

[48] Zhu Z, Zhang J, Ye Y. Newsvendor optimization with limited distribution information [J]. Optimization Methods and Software, 2013, 28(3): 640 - 667.

[49] 曹裕,李青松,胡韩莉.不同政府补贴策略对供应链绿色决策的影响研究[J].管理学报,2019,16(2): 297 - 305+316.

[50] 熊中楷,梁晓萍.考虑消费者环保意识的闭环供应链回收模式研究[J].软科学,2014,28(11): 61 - 66.

[51] 柯晨旭,颜波.战略消费者行为下普通网购和网络团购模式[J].系统管理学报,2019,28(4): 777 - 782.

[52] 朱庆华,窦一杰.基于政府补贴分析的绿色供应链管理博弈模型[J].管理科学学报,2011,14(6): 86 - 95.

内 容 提 要

消费者在购买产品过程中通常会表现出不同的行为。随着环境污染日益严重，消费者在购物时会表现出环保意识与行为。由于缺货现象普遍发生，消费者对商家的服务水平越来越敏感。网上购物时存在的不确定性会使消费者的购买行为更加谨慎。消费者的这些行为都会对企业的生产和订货决策产生影响。本书基于消费者对环境、服务和不确定性所表现出的行为，将其分为三个部分进行研究，包括：(1) 基于消费者环保意识和行为的绿色生产研究；(2) 基于消费者好感度的最小承诺订货决策；(3) 基于消费者谨慎购买行为的最优订货问题。